Berge und Berge begegnen sich nicht,
wohl aber Menschen und Menschen.

Arabisches Sprichwort

Vorwort

Dieses Buch schildert eine wahre Geschichte aus der Zeit der großen Flüchtlingswelle im Herbst 2015.
Der Schicksalsweg einer syrischen Flüchtlingsfamilie lässt den Leser teilhaben an ihrer dramatischen Flucht.

Roze, ein quirliges, zwölfjähriges Mädchen, wagt als unbegleitete Minderjährige, gemeinsam mit ihrem, um wenige Jahre älteren Cousin, die riskante und beschwerliche Flucht nach Österreich zu ihrem geliebten Vater, der schon ein Jahr zuvor auf abenteuerliche Weise den ganzen Weg nach Österreich zu Fuß zurückgelegt hat.
Wenig später entscheidet sich auch Thulin, die Mutter von Roze, die Flucht mit ihren zwei Kindern Pola und Jan zu wagen.

Als Mutter zweier erwachsener Kinder war ich, Kornelia, sehr berührt und bestürzt über das Schicksal der vielen Flüchtlinge, die nach Europa gekommen waren. Was anfangs als persönlicher Beitrag in Form von Kleiderspenden und Mitarbeit beim Roten Kreuz begonnen hatte, entwickelte sich bald zu einer intensiven und persönlichen Herausforderung.

Der Einsatz in der Flüchtlingsarbeit hat meinen Mann und mich in Kontakt mit Idris, dem Vater von Roze, gebracht. Tief berührt vom Schicksal seiner Familie und reich beschenkt mit zahlreichen, bewegenden Erfahrungen möchte ich gerne diesen inneren Reichtum mit anderen teilen.
So habe ich mich entschlossen, die bewegenden Erzählungen der syrischen Flüchtlingsfamilie niederzuschreiben.

Kornelia Wallner
Maria Saal, 5. August 2016

Mein Name ist Roze, ich bin zwölf Jahre alt

Roze

Sanft und zart streichen die wärmenden Sonnenstrahlen über meine kühlen Wangen. Ich halte meine müden Augen geschlossen, ein bisschen, weil mich die Sonne blendet, aber auch, weil ich gar nicht sehen will, wo ich mich jetzt gerade befinde. Mein Cousin Hamude sitzt nahe neben mir auf der harten, feuchten Bank und ich spüre eine Unruhe, die von ihm ausgeht. Sein heftiges Schnaufen und das Zittern seiner Beine sagen mir, dass auch er Angst hat. Aus Verlegenheit zupfe ich mir ein paar meiner langen schwarzen Haarsträhnen ins Gesicht und wickle einen Strang um einen Finger. Ein bisschen stolz hebe ich meinen Kopf und dabei stemme ich meine Schultern ein wenig nach oben. Ob ich mir damit nur selber Mut machen will, oder ob ich einfach nicht klein und schwach aussehen will, ist eigentlich egal. Ich habe beschlossen, diesen Weg zu gehen und das Risiko und die Strapazen auf mich zu nehmen. Jetzt sitze ich hier, auf dem schwankenden Boot, das mich hoffentlich sicher in meine neue Heimat bringen wird. Mein großes Ziel liegt in weiter Ferne, auch wenn mich meine Gedanken immer wieder in der Vergangenheit festhalten.

Gefährliche Überfahrt

Roze

Nachdem wir heute zwölf Stunden lang mit einem Kleinbus von Istanbul Richtung Izmir fuhren, mussten wir noch eine Ewigkeit zu Fuß weitergehen. Erschöpft erreichten wir unseren Treffpunkt, eine kleine, unbekannte Bucht, in der unsere gefährliche Reise beginnen sollte. Nur zu Fuß oder mit dem Boot war es

möglich, an diesem versteckten Ort zu gelangen. Für uns war dieser Küstenabschnitt ein guter Platz, um uns für unser Vorhaben zu versammeln. Versteckt hinter dürren Büschen und kleinen Sanddünen, warteten wir auf weitere Anweisungen.
Eine Stunde zuvor drückte uns ein kurdischer Mann, der von allen „Chef" genannt wurde, Schwimmwesten in die Hand und rief: „Go, go, go!" Eilig half mir mein Cousin die Weste anzuziehen, denn er fühlte sich für mich verantwortlich. „Beeil dich Roze", drängte er, „damit wir einen guten Platz bekommen." Ich beeilte mich, denn auch ich wollte einen sicheren Platz für die Überfahrt bekommen. Das Schlauchboot unseres Schleppers wartete schon vor der Bucht in Cesme auf uns. „Wenn uns die türkische Küstenpolizei erwischt, ist unser Vorhaben gescheitert", schrie unser Bootschef. „Yakinda, hizla - schnell auf das Boot", rief er uns zu.
„Wenn sie uns erwischen, lassen sie uns bestenfalls laufen, schlimmstenfalls wandern wir für ein paar Tage ins Gefängnis", hörte ich eine Frau beängstigt rufen.
Nervös tänzelte ich von einem Fuß auf den anderen. Unruhe und Angespanntheit konnte man aus allen Gesichtern lesen.
45 Personen liefen voller Hoffnung, aber auch voller Angst der Küste entgegen. Wir alle wollten die Türkei verlassen und nach Griechenland gelangen.
Langsam und fast geräuschlos kam das Boot des Schleppers etwas näher ans Ufer. Es wurde von einem Mann gelenkt, der kaum größer war als ich. Anlegen konnte er das Boot nicht, denn es gab nirgendwo eine Möglichkeit dazu. Dieser Küstenabschnitt war viel zu felsig. Die spitzen Steine waren eine zu große Gefahr für das Schlauchboot.
Erst vor ein paar Minuten hatte ich mir meinen Rucksack vor die Brust geschnallt. Auf meine Schultern konnte ich ihn nicht nehmen, weil durch die übergroße Schwimmweste, die ich bekommen hatte, dies nicht möglich war.

Jeder von uns durfte für die Überfahrt nur ein einziges Gepäcksstück mit an Bord nehmen. Meine Mama hatte für mich nur die notwendigsten Dinge in den Rucksack gepackt, die ich auf meine Reise nach Europa mitnehmen sollte.
Viel war nicht in meinem Gepäck: Ein paar meiner Lieblings-Kleidungsstücke, wie zum Beispiel meine neue Jeans, ein bunter Pullover, eine lange Unterhose. Ich weiß nicht, warum meine Mutter unbedingt darauf bestanden hatte, dass ich diese mitnehmen musste. Dazu noch ein Paar Socken und Unterwäsche, T-Shirts und eine warme flauschige Jacke, die ich wenige Tage zuvor von meiner Tante Mariam bekommen hatte. Das waren meine bescheidenen Habseligkeiten. Einige Sandwiches und eine Wasserflasche legte mir meine Mutter fürsorglich noch dazu. Meine rosaroten Converse, die ich über alles liebte, hatte ich vorsichtshalber noch am Ufer gegen meine dünnen Plastiksandalen ausgetauscht, denn ich wollte nicht riskieren, dass sie nass oder schmutzig werden. Auch meine Socken stopfte ich noch kurz vor dem Einsteigen in meine Tasche. Dann ging es auch schon los und ich stapfte die ersten Schritte ins Meer. Das Wasser reichte mir bald bis über die Knie und meine Hose war sofort klatschnass. Noch bevor ich mich an das kühle Nass gewöhnt hatte, riss eine kleine Welle, die aus dem offenen Meer ans Land drängte, mir fast den Boden unter den Füßen weg. Ich erschrak und taumelte rückwärts. Beinahe verlor ich das Gleichgewicht. Die Welle hätte mich sicherlich mitgerissen, wenn nicht hinter mir ein großer, starker Mann mich abgefangen und mir helfend seine Hand entgegengestreckt hätte.
Triefend nass kletterte ich in das schwankende Boot und quetschte mich wie eine Ölsardine zwischen die Flüchtenden. Ich saß fast in der Mitte des Bootes. Einerseits war es gut, denn ich wusste ja, dass ich bei unserem letzten Ausflug, den wir vor ein paar Monaten mit unserer Familie gemacht hatten, seekrank geworden war. Andererseits konnte ich mich jetzt auch nicht,

falls mir wirklich schlecht werden sollte, so einfach aus dem Boot lehnen und übergeben. Also begann ich einfach gleichmäßig und tief zu atmen und schloss dabei die Augen.
Meine nackten Füße, die nur in meinen rosarot-lila gestreiften Plastiksandalen steckten, begannen langsam zu frieren. Am Boden des Bootes hatte sich etwas Wasser angesammelt, denn jeder der einstieg, hatte ein bisschen davon an seinen Hosenbeinen. Es vermischte sich zu einer schmutzigen, braunen Brühe, in die wir, ob wir wollten oder nicht, unsere Zehen tauchen mussten. Die ersten Meter trieben wir vorsichtig und leise aufs Meer hinaus, dann gab unser Bootschef kräftig Gas und ließ den Motor aufheulen. Wir hatten Glück, denn wir konnten die erste Strecke zügig zurücklegen. Jetzt würde uns die türkische Küstenwache nicht mehr aufhalten. „Sobald Boote auf hoher See sind, werden sie nicht mehr verfolgt", hörte ich die Männer reden.
Das Ziel der Überfahrt war das Fischerdorf Katarraktis auf der griechischen Insel Chios. Der nächste Schritt sollte dann das eingezäunte Aufnahmelager im Norden der Insel sein, das meistens hoffnungslos überfüllt war. Dort sollten wir unsere Aufenthaltspapiere für Griechenland bekommen.
„Das Lager hat nur 120 Schlafplätze", hörte ich einen Mann aus unserer Gruppe berichten. „Irgendwo werden wir schon eine Möglichkeit für das Nachtlager finden", meinte ein anderer. „Wenn im Camp kein Platz mehr ist, werden wir einfach im Stadtpark oder am Hafen unter freiem Himmel schlafen", warf einer der Männer ein.
Hamude sah mein fragendes Gesicht und erwiderte: „Mach dir keine Sorgen Roze, wir finden schon etwas für die Nacht." Gleich am nächsten Tag wollten wir die Fähre nach Athen nehmen, um von dort aus weiter nach Norden zu fahren. Die Abfahrtszeit der Fähre nach Athen war laut Fahrplan mit 23 Uhr festgelegt. Niemand von unserer Gruppe wollte in Griechenland oder gar auf Chios bleiben. Für die meisten Flüchtlinge war Deutschland das

ersehnte Ziel. Mein Cousin wollte zu Bekannten in die Schweiz und hatte meiner Familie das Versprechen gegeben, mich mitzunehmen und mich bis nach Österreich zu begleiten.
Denn alleine hätte ich die lange beschwerliche Reise nicht antreten können. Es war sicherlich ungewöhnlich, dass ich mich mit ihm auf diesen langen und strapaziösen Weg machte, jedoch war ein legaler Weg, mit genehmigten Reisepapieren und Visum, für unsere Familie und für so viele andere Menschen aus meiner Heimat leider nicht möglich.
Als ich von meinem Vater hörte, dass es noch zwei oder drei Jahre dauern könnte, bis wir uns im Rahmen eines Familiennachzugs wiedersehen würden, stand mein Entschluss fest: „Ich will zu meinem geliebten Vater, ich will nach Österreich!" Dies waren meine einzigen Gedanken und mein unumstößlicher Wille. Natürlich wäre ich lieber mit meiner Mama und meinen Geschwistern zusammen auf diese Reise gegangen, doch wir hatten nicht genug Geld, um für alle die Bootsüberfahrt bezahlen zu können. Mein Vater meinte: „Wenn du einmal in Österreich bist, dann würde auch die restliche Familie leichter nachkommen können." Etwas später hatte ich begriffen, dass er nicht anders handeln konnte. Papa wollte es nicht riskieren, uns alle auf ein und dasselbe Boot zu lassen. Nicht auszudenken, wenn uns allen was zustoßen würde und er alleine zurückbleiben müsste. Daran durfte ich jetzt nicht denken.
Erst vor ein paar Wochen hatten die Bilder des dreijährigen syrischen Flüchtlingsjungen Ailan, der tot am Strand von Bodrum angeschwemmt wurde, weltweit Bestürzung ausgelöst. Dennoch war ich mir der Gefahr, der ich mich ausgesetzt hatte, nicht bewusst. Erst als meine Mama bei meiner Abreise zu weinen anfing, wusste ich, dass die Überfahrt mit dem Schlauchboot doch nicht so einfach und ungefährlich sein würde. Jetzt wollte ich nur noch daran denken, dass ich bald bei Papa sein würde und stellte mir sein vertrautes Gesicht vor. Ich lächelte bei

dem Gedanken an ihn. Wenn ich lächle, dann kann jedermann sehen, dass mir drei meiner oberen Schneidezähne fehlen. Das war auch einer der Hauptgründe, warum ich einfach nicht mehr warten wollte. In Österreich wird alles gut, dachte ich mir, da gibt es gute Ärzte und von denen würde ich meine fehlenden Zähne wieder bekommen.

Auf dem Boot

Roze

Herausgerissen aus meinen Gedanken zuckte ich heftig zusammen. „Wo bin ich?" fragte ich mich, während ich das Schaukeln des kleinen Bootes in meiner Magengegend spürte. Irgendwo auf dem Meer, zwischen der Türkei und Griechenland, in einem überfüllten Schlauchboot, kam mir wieder in den Sinn.
Noch stand die Sonne ein Stück über dem Horizont und sie schenkte uns ihre letzten wärmenden Strahlen. Es wurde kaum gesprochen und von dem Gesprochenen verstand ich auch nicht viel. Einige Menschen an Bord konnte ich gar nicht verstehen. Ich wusste auch nicht, aus welchen Ländern sie kamen. Zu Hause in meiner Heimatstadt Aleppo sprachen wir kurdisch. In der Schule wurden wir auf Arabisch unterrichtet und jetzt, die letzten drei Jahre, in denen unsere Familie nach der Flucht aus Syrien in der Türkei verbracht hatte, versuchten wir, so gut es ging, die türkische Sprache zu erlernen. Bis vor Kurzem war mir noch gar nicht bewusst geworden, dass es so viele unterschiedliche Sprachen und unterschiedliche Menschen gibt.

Meine Familie

Roze

Meinen Papa habe ich schon neun Monate lang nicht gesehen. Er heißt Idris Ibrahim und ist in Afrin, nahe Aleppo, geboren. „Wir sind Kurden", betonte mein Papa immer stolz. Er war unter großer Lebensgefahr nach Österreich geflüchtet, um dort um Asyl anzusuchen. Über 50 Tage war er großteils zu Fuß unterwegs. „Ich gehe vor, um für euch einen guten Platz zu suchen, denn ich möchte, dass ihr ein sicheres Leben führen könnt. Ich werde euch nachholen", hatte er uns versprochen. „Unsere Kinder sollen in Frieden aufwachsen können", sagte er vor seiner Abreise zu seinen Freunden und Geschwistern.
„Wir haben keine Wahl. Weder in Syrien, noch in der Türkei können wir bleiben", erklärte uns Papa traurigen Herzens. „Vertraue mir, dann wird alles gut", flüsterte er mir noch zärtlich ins Ohr. Dann nahm er mich das letzte Mal in seine Arme. Obwohl er es versprochen hatte, dass wir uns alle wiedersehen werden, hatte ich und ich glaube auch er, bei dieser Umarmung ein mulmiges Gefühl. Wird es die letzte Umarmung sein? „Roze, reiß dich zusammen! Nur jetzt nicht losheulen", hörte ich eine innere Stimme.
Papa hatte uns über unsere Herkunft immer wieder viel erzählt, nämlich dass wir eine bedeutende ethnische Volksgruppe sind, die über mehrere Länder verstreut lebt, in der Türkei, dem Irak, dem Iran, in Syrien und in anderen Ländern. Wir Kurden sind seit Jahrhunderten ein Volk ohne eigenen Staat und so wie es aussieht, werden wir es voraussichtlich noch lange bleiben. Es ist uns nicht erlaubt, uns politisch zu betätigen. Es wird versucht, unsere Kultur zu unterdrücken, unsere Sprache und unsere typische Kleidung zu verbieten. Immer wieder waren und sind wir militärischer Gewalt ausgesetzt. Seit dem Bürgerkrieg in Syrien hatte sich alles noch mehr zugespitzt und wir mussten fliehen.

Jetzt aber sprach Papa von einem besseren, vor allem sichereren Leben. Er träumte davon, dass wir wieder in die Schule gehen könnten, von einem Zuhause, wo es keine Bomben und Kriege gibt. Ich wollte nur mehr zu ihm. Das war jetzt mein einziger Gedanke, der mich vorantrieb, der mich nach vorne blicken ließ, der meine kindlichen Ängste beiseite geschoben hatte.
Wenn ich zurückblicke, sehe ich die großen strahlenden Augen meines kleinen Bruders Ganhameed. Zum Abschied drückte er mir einen Kuss auf die Wange. Er umarmte mich fest und sagte zu mir: „Komm bald wieder." Jan, wie wir ihn liebevoll nennen, ist erst fünf Jahre alt. Er ist unser Nestküken und wird von allen geliebt und behütet. Er ist der Stolz unserer Familie, denn er wird später einmal unseren Familiennamen weitertragen.
„Habibi, mein Kleiner, ich hab dich lieb", sagte ich zum Abschied. Mit aller Kraft unterdrückte ich meine Tränen, denn ich wusste, dass ich nicht wiederkommen und es vielleicht sehr lange dauern könnte, bis wir uns wiedersehen würden. Vielleicht gäbe es auch kein Wiedersehen mehr. Bei diesem Gedanken stieg mir die Gänsehaut über den Rücken, nein, daran wollte ich gar nicht denken.
Meine Mama heißt Thulin, sie ist die schönste Frau, die ich kenne. Sie ist klein, zierlich und hat wunderschönes, langes Haar, das sie sich alle paar Wochen mit einer Paste etwas heller färbt. Ihre Augenbrauen hat sie immer perfekt in einem dunklen Ton geschminkt, sie ist meine Mum und ich liebe sie sehr. Ich könnte mir keine bessere Mutter wünschen, Tag und Nacht sorgt sie für unsere Familie. Mama kocht die besten Durma und Mahaschi. Wenn ich daran denke, steigt in meiner Erinnerung noch immer der köstliche Duft, der mit Reis und Linsen gefüllten Melanzani und Zucchini, auf. Mama weiß die besten Geschichten zu erzählen und man kann so herzlich mit ihr lachen. Ich vermisse sie jetzt schon.
Und dann gibt es noch meine größere Schwester, Pola. Eigentlich stimmt das mit größer gar nicht, denn Pola ist zwar um ein Jahr älter als ich, aber ich bin im letzten Jahr so stark gewachsen,

dass ich jetzt schon beinahe um einen Kopf größer bin als sie. Pola wird in wenigen Wochen dreizehn Jahre alt. Die dunklen, mandelförmigen Augen hat sie von Mama. Um ihre wunderschönen dunklen, lockigen Haare beneide ich meine Schwester ein bisschen. Meine Haare sind natürlich auch dunkel, aber sie sind strichgerade. Vielleicht ist Pola auch die Fleißigere von uns beiden. Zu Hause ist sie immer die Brave. Sie hilft beim Aufräumen im Haus und in der Küche fleißig mit, ist meistens ruhig und besonnen, während ich ein richtiger Wirbelwind und eine Schnattertante bin. Mein Mundwerk steht selten still, denn es gibt immer was zu tratschen. Meine Mama sagt, dass ich oft sogar im Schlaf noch rede. Ich bin gerne draußen im Freien und mit meinen Freundinnen zusammen. Zu Hause in meinem Zimmer oder bei irgendeiner dummen Küchenarbeit ist es mir einfach zu langweilig. Pola ist ein Mama-Kind und sie weicht nur selten von Mamas Seite. Ich hingegen bin eher ein Papa-Kind. Von ihm habe ich wahrscheinlich auch meine quirlige und aufgeweckte Art. „Ich vermisse ihn so sehr“, seufzte ich.

Schutt und Asche

Roze

Während unser Boot weiter über die Wellen schaukelte, verlor ich mich wieder, wie so oft, in meiner Vergangenheit.

Wenn ich heute zurückdenke, so war dies wohl die schlimmste Zeit, die ich je erlebt hatte.

Es war an einem Dienstagvormittag, im November 2011. Wir waren in der Schule und ich war gerade dabei, mit meinen Englisch-Lernunterlagen in das obere Stockwerk zu gehen. Frau Susan, unsere Lehrerin, wartete schon im ersten Stock auf mich. Sie wollte von mir einige Vokabel hören, die ich in den letzten Tagen eifrig gelernt hatte. Ich nahm gleich zwei Stufen auf einmal und eilte in Windeseile die breite Steintreppe empor.

Plötzlich hörte ich einen mächtigen Donner. Ein Zittern und Beben ließ die dicken Mauern der Schule schwanken. Ich verlor vor Schreck die Arbeitsblätter, schlug die Hände vor meine Augen und torkelte die letzten Meter halb blind die Stufen empor. Verwirrt stürzte ich in mein Klassenzimmer. Im Nu standen auch alle anderen Klassentüren offen und Schüler und Lehrer liefen ängstlich und schreiend in den Gängen auf und ab. Jemand rief: „Alle raus hier!" Und die aufgeregte Menge wurde zum Hintereingang der Schule gedrängt. Vor einigen Minuten waren noch alle Schüler im Hof unseres Schulgebäudes, um dort die Jausenpause zu verbringen.

Nein, ich wollte nicht daran denken. Ich versuchte die schrecklichen Bilder aus meinem Kopf zu verdrängen, aber sie hatten sich in meinem Gedächtnis unauslöschbar eingebrannt und flackerten immer wieder spontan auf. Eine Bombe krachte ins Nachbarhaus und riss den gesamten Eingangsbereich unserer Schule mit in die Tiefe. Ich eilte ins Klassenzimmer meiner Schwester und versuchte Pola zu finden, aber in der Panik geriet alles durcheinander und niemand wusste, wo Pola war. Ich konnte meine Schwester nicht finden, wollte aber auch nicht länger in der Schule bleiben. Die Sirenen heulten immerfort bedrohlich weiter.

Über den Hintereingang verließ ich aufgeregt das Schulgebäude. In meiner Panik rannte ich auf dem schnellsten Weg nach Hause, um meine Mutter zu holen. Unsere Wohnung lag nur ein paar Häuserblöcke von der Schule entfernt. Atemlos und ohne stehen zu bleiben, lief ich die ganze Strecke in einem durch. Im fünften Stockwerk unseres Hauses angekommen, war ich so erschöpft, dass ich nicht mehr sprechen konnte. Unsere Wohnungstür stand offen, dahinter entdeckte ich eine Nachbarin, die ich nicht so gut kannte, die ich aber schon einige Male im Stiegenhaus getroffen

hatte. Sie hatte Jan an der Hand und stammelte: „Thulin ist in der Schule". „Was, wo", schrie ich. „Nein, warum ist meine Mutter in der Schule und warum ist Jan hier mit der Nachbarsfrau in unserer Wohnung?" Ich nahm mir nicht die Zeit nachzufragen. So schnell ich konnte eilte ich wieder zurück in die Schule und rief dabei immer wieder: „Pola, Mama, Pola, Mama!" Dann endlich sah ich beide, Pola hatte sich eng an Mama gedrückt, sie blickten zum Eingang der Schule, wo gerade in diesem Moment einige verletzte Kinder herausgetragen wurden. Aus der Ferne hörte ich sie verzweifelt rufen: „Roze, Roze!"
Der vorderste Teil unserer Schule bestand nur noch aus Schutt und Asche. Vier Schulkinder starben bei diesem Anschlag. Es waren jene, die gerade Ordnungsdienst hatten und nach der Pause im Schulhof noch die Mülleimer ausleeren mussten.

Aleppo

Roze

Unser Stadtteil Bustan Al Basha lag in Schutt und Asche. Mit dem Auto kam man nur mehr sehr langsam und nur über viele Umwege durch die Straßen. Die Geschäfte blieben geschlossen und wir Kinder durften nicht mehr nach draußen. Nicht einmal in die Schule durften wir von diesem Tag an gehen. Stündlich musste in unserem Viertel mit weiteren Angriffen gerechnet werden. Laut hörte man die Sirenen durch die Nacht heulen und das Donnern aus der Ferne bereitete uns allen riesige Angst. Einige Tage, nachdem auch in unserer Straße Häuser bombardiert worden waren, mussten wir, wie auch so viele andere, vor dem Terror und den gefürchteten Bombenanschlägen fliehen und unser Heim verlassen. Nur was im Auto Platz hatte, konnten wir mitnehmen.
Wir flohen zu Oma und Opa. Sie besaßen eine kleine Wohnung

im Stadtteil Ashrafiyye. Dort wäre es sicherer, meinten meine Eltern. Auch meine Onkel und Tanten waren mit ihren Kindern aus dem Zentrum von Aleppo geflohen. Alle hatten vorerst bei Oma und Opa Unterschlupf gesucht. Ein paar Wochen schliefen wir, das waren zehn Erwachsene und fünfzehn Kinder, in der kleinen Wohnung, die nur aus zwei Räumen bestand. Als Schlafplatz diente uns der harte Fußboden. Decken und Matten legten wir über die rauen Dielenbretter. Das Essen war karg und meistens kalt, denn der Strom war schon lange ausgefallen und als Heizung und Kochgelegenheit diente uns nur ein alter gusseiserner Ofen, der in der Mitte eines Raumes stand. Heizmaterial hatten wir schon sehr bald nicht mehr genug. Ich kann mich noch an den beißenden Gestank erinnern, der beim Heizen aus dem kleinen Ofen quoll. Für ein bisschen Wärme oder um für die Familie warmes Essen zu kochen, suchten die Männer oft den halben Tag auf den Straßen Heizmaterial zusammen. Alte Schuhe, Kartons, Kleidung, Plastik, alles, was nur irgendwie brennbar war, wurde verheizt. Ein alter Schuh genügte für eine Tasse Reis. Kaffee und Tee kochte meine Oma oft über einer Kerze. Das Teewasser wurde niemals richtig warm und der Tee schmeckte grauenhaft. Etwas Geld hatten wir aus unserer Wohnung in Bustan Al Basha mitnehmen können, doch das nützte uns jetzt nichts. Jetzt gab es nichts mehr zu kaufen, weder Milch noch Brot, kein Gemüse, nichts. Die Geschäfte rings um Aleppo waren bald leer, und es gab keinen Nachschub. Das Benzin war aufgebraucht und die Versorgung nur mehr über den Schwarzmarkt möglich. Die Preise für Lebensmittel stiegen in wenigen Tagen um das Zehnfache an. Der Hunger machte uns müde und gereizt. Oft hörte ich in der Nacht meine Tanten weinen und klagen.

Vorerst hofften wir natürlich, dass wir bald wieder zurück in unsere Wohnung könnten, aber diese Hoffnung wurde von Tag zu Tag geringer. Wir erfuhren über das Internet, das war die einzige Informationsquelle, die noch halbwegs gut funktionierte, dass unser Viertel täglich neu bombardiert wurde. Wir sahen im Internet die Bilder von den kaputten Häusern, zerstörten Plätzen, Moscheen und Kirchen. Bald wurde uns klar, es gab kein zurück. Täglich sahen wir mehr und mehr Menschen, die beladen mit ihrem Hab und Gut aus Aleppo flohen. Plünderer und Diebe waren unterwegs und wir fühlten uns nirgendwo mehr sicher. Niemandem mehr konnte man trauen. Es war für uns eine sehr traurige Zeit, ohne Hoffnung und Zukunft.

Eine Bombe von links

Roze

Im Frühjahr 2012, wir waren bereits seit einigen Monaten in Ashrafiyye, spazierte ich in der Umgebung der Wohnsiedlung durch die Straßen. Eigentlich durfte ich alleine nicht so weit von Opas Wohnung weggehen, aber mein Bewegungsdrang und meine Neugierde hielten mich nicht im Zaum.
Unbekümmert spazierte ich in den Seitenstraßen, bis ein Donnern und Krachen meine Ohren beinahe taub machten. Bevor ich noch reagieren konnte, kam eine Wand aus Schmutz und Staub direkt auf mich zu. Zwei Häuser von mir entfernt hatte eine Bombe direkt ein Haus getroffen. Splitter und Mauerteile flogen hoch durch die Luft. Der aufgewirbelte Staub brannte mir in den Augen. Ich lief um mein Leben. Wäre die Bombe nicht von links gekommen, sondern von vorne, dann würde ich heute nicht mehr hier auf dem Boot sitzen. Es ging noch einmal gut aus.
Der Krieg rückte täglich näher und näher, unbarmherzig näher. Jeden Tag eine Häuserreihe, jede Woche eine Straßenseite. Alles was dahinter lag, war zerstört.
Auch bei Papas Eltern in Ashrafiyye war es jetzt nicht mehr

sicher und so floh unsere Familie, so wie auch meine Onkel, Tanten, Cousins und Cousinen, weiter ins alte Landhaus meiner Großeltern. Ihr kleines Häuschen stand außerhalb von Aleppo in Afrin, genauer gesagt in dem schönen Dorf Hamoratscho. Früher kamen wir nur zur Olivenernte hierher oder um das Wochenende dort zu verbringen. Heute waren wir dankbar, dass unser Landhaus noch so gut erhalten geblieben war. Auch meine zweite Großmutter blieb bei uns. Opa Kahlil, der Vater von Mama, konnte nicht mehr mit uns kommen, er starb wenige Tage vor unserer zweiten Flucht. „Rahamuha Allah - Gott beschütze seine Seele." Ein Teil unserer Familie war bereits nach Deutschland geflohen und hofften, dort eine Arbeit und eine Bleibe zu finden. Wir aber wollten vorerst in Afrin bleiben. Hier auf dem Land ging es uns auch etwas besser. Wir hatten zumindest Ziegenmilch und meine Oma machte fast jeden Tag frische Nanas, das sind Fladenbrote. Im Dorf besuchten wir keine Schule und so konnten wir den ganzen Tag mit Opas Ziegen spielen oder seine kleine Schafherde hüten.

Schrecklicher Unfall mit Fahrerflucht

Roze

Vieles mussten wir zu Hause zurücklassen. Daher plante mein Papa, noch einmal zurück nach Aleppo zu gehen. Er hoffte darauf, dass unser Wohnhaus noch begehbar wäre und wir einiges aus unserer Wohnung holen könnten. Pola und ich durften Papa begleiten. Wir waren stolz bei dieser Mission mit dabei sein zu dürfen. Da es viel zu gefährlich war, mit dem Auto ins Zentrum zu fahren, stellten wir unser Fahrzeug etwas außerhalb der Stadt ab und machten uns weiter zu Fuß auf den Weg. Vorsichtig marschierten wir drei immer etwas abseits der Hauptstraße. Über zwei Stunden dauerte unser Fußmarsch, der uns entlang

der staubigen und rissigen Straßen in Richtung Zentrum führte. Sehr vorsichtig tasteten wir uns Straße für Straße durch die Stadt, denn die Gefahr konnte von allen Seiten kommen. Nicht nur vor den Bomben hatten wir Angst, sondern auch vor Plünderern. Sogar vor der Polizei und der Miliz versteckten wir uns. „Jeder ist dein Feind im Kriegsgebiet“, hatte uns Opa vor dem Weggehen noch gewarnt.
Als wir in die Nähe unseres Viertels kamen, sahen wir, dass die meisten Häuser komplett zerbombt und die Straßen unpassierbar waren. Über eine Seitengasse, ganz in der Nähe meiner Schule, versuchten wir zu unserer Wohnung zu gelangen. Plötzlich heulten Sirenen auf. Erschrocken streckte Pola Papa die Hand entgegen und ich nahm spontan Polas Hand. So standen wir unschlüssig und verwirrt auf dem Platz, der uns einmal so vertraut war. Vom Himmel fielen die bedrohlichen Bomben. Sie schlugen ein, irgendwo weiter nördlich. Es donnerte und krachte, dichter Rauch quoll in die Luft empor und eine graue Wolke aus Staub breitete sich über die Stadt aus. Sirenen heulten, Autos hupten und Bremsen quietschten.

Gerade in dem Augenblick, als wir vom Gehsteig auf die Straße treten wollten, schoss aus dem Nichts ein Fahrzeug um die Ecke. Ich konnte es nicht sehen, ich spürte nur, wie mein Vater uns erschrocken zurückzog. Das Gefährt kam mit weit überhöhter Geschwindigkeit um den Häuserblock, der Fahrer konnte nicht mehr bremsen. Der Wagen prallte mit voller Wucht gegen mich. Mein Körper wurde wie eine Marionette durch die Luft gewirbelt. Mit einem dumpfen Knall prallte ich auf den harten Randstein zurück. Blutüberströmt blieb ich bewusstlos am staubigen Boden liegen. Das Auto, es handelte sich um ein Fahrzeug von Rebellen, fuhr jedoch ohne anzuhalten weiter. Mein Papa hob mich auf seine Arme und eilte mit mir aus der Gefahrenzone. Er zog sein Hemd aus und wickelte mein Gesicht vorsichtig in den

Stoff. Das Krankenhaus lag zwei Stunden Fußmarsch von uns entfernt und mein Papa lief, mich auf seinen Armen tragend, so schnell er konnte. Als ich wieder zu mir kam, konnte ich mein Gesicht nicht mehr spüren, aber durch den Schleier, der sich über meine Augen gelegt hatte, sah ich Blut. Blut, überall war Blut. Meine Zunge war taub, aus meinem Mund quoll es dick und warm heraus. Vieles davon weiß ich heute nur mehr von Erzählungen, ich selbst kann mich nicht mehr an alles erinnern. Ich merkte nur, dass ich nicht mehr sprechen konnte und dass ich unheimlich schwach war. Ich hatte mir bei dem Unfall nicht nur meine Zähne ausgeschlagen, nein eigentlich eingeschlagen, sondern auch meine Zunge abgebissen, sodass ihre Spitze nur noch an einem kleinen Hautteil hing. Meine Oberlippe und meine Unterlippe trennte ein vertikaler Riss und meine Nase war eingedrückt.

Irgendwann wurde ich von einem Sanitäter auf eine Trage gelegt und in einen Versorgungsraum gebracht.

Außer den Sanitätern und einigen Schwestern war im Krankenhaus kaum Personal verfügbar und die Sanitäter rieten meinem Vater, er solle mit mir in ein anderes Krankenhaus gehen, weil die Wunden, vor allem die Zunge, dringendst genäht werden mussten. Mein Blutverlust war so erschreckend groß, weshalb mein Vater nicht nachgeben wollte. Er wusste, dass ein Weitertransport für mich nicht in Frage kam, er bangte um mein Leben. Dank seiner Hartnäckigkeit fand sich dann doch ein Arzt, der sich meiner Wunden annahm und auch meine Zunge wieder annähte. Als meine Mama ins Krankenhaus kam, weinte sie, denn sie dachte im dem Moment, als sie mich ohnmächtig und blutbeschmiert auf dem Bett liegen sah, dass ich schon gestorben war. Nach meiner Operation hatte ich unheimliche Schmerzen und ich sah vermutlich fürchterlich aus. Mein Mund war zu einer großen Tomate angeschwollen, ich konnte nicht mehr sprechen, auch essen und trinken war für eine lange Zeit sehr

schmerzvoll. Einige Nächte musste ich im Krankenhaus bleiben. Mein Vater und meine verzweifelte Mutter wichen nicht mehr von meiner Seite. Nachts schliefen sie vor dem Krankenhaus auf einer Parkbank. Sie meinten: „Hier ist es viel zu gefährlich für dich. Nicht einmal die Krankenhäuser sind vor Angriffen sicher. Falls es Alarm geben sollte, sind wir nicht weit von dir entfernt.“ Nicht nur, dass ich meinen Eltern große Sorgen bereitet hatte, sondern auch der Aufenthalt im Krankenhaus war sehr teuer, denn in Syrien musste man für die Versorgung selbst bezahlen. Die Operation und der Aufenthalt kosteten meinen Eltern eine schöne Stange Geld. Jeden Tag, wenn ich in den Spiegel blicke, werde ich an diesen schrecklichen Unfall erinnert. Entscheidend aber ist, dass ich am Leben bin!
Selbst hier auf dem Boot, wo mich eigentlich bis auf Hamude keiner kannte, versuchte ich unbewusst meine Lippen etwas vorzuschieben, damit niemand meine Zahnlücke so genau sehen konnte.

Wie Ölsardinen

Roze

Das Tuckern des Motors übertönte das Gemurmel der Menschenmenge. Dieses monotone Geräusch wirkte auf mich beruhigend. Ich konnte mich erstmals ein bisschen entspannen. Das Boot schaukelte gleichmäßig auf den Wellen, nur der Wind blies aus der falschen Richtung und ich merkte, dass unser Boot immer wieder Kraft aufwenden musste, um über die nächsten Wellen zu kommen.

Ungefähr eine Stunde sollte die Fahrt mit dem Schlauchboot dauern, bis wir unser erstes Ziel, die griechische Insel Chios, die nur sieben Kilometer von der türkischen Küste entfernt war, erreichen würden. In diesem Moment hatte ich aber überhaupt kein Zeitgefühl, vielleicht auch deswegen, weil ich die letzten Tage und Nächte zu wenig geschlafen hatte. Die Aufregung und die Anspannung und auch der Abschiedsschmerz, den ich ertragen musste, ließen mich kaum schlafen.

So saß ich gedankenversunken, eingequetscht zwischen fremden Menschen in einem schwankenden Boot, das man mit einer schaukelnden Nussschale vergleichen konnte. Hoffentlich bringt es uns bald und sicher ans andere Ufer.

Der Chef des Bootes, ein kleiner, aber sehniger Mann mit dunklen, geringelten Haaren und hervorstehenden Augen war Kurde, so wie unsere Familie. Er sprach dieselbe Sprache wie ich. Daher konnte ich ihn gut verstehen. Soviel ich in meiner kindlichen Aufmerksamkeit mitbekommen hatte, stammte unser Kapitän aus Damaskus und hatte das Boot eigens für die Überfahrt gekauft. Er war selber auf der Flucht und versuchte auf diesem Weg nach Europa zu kommen. Die freien Plätze in seinem Boot hatte er anderen Flüchtlingen verkauft, wodurch er die Kosten für das Boot spielend wieder hereinbekam. Seine Frau mit ihrem zwei Monate alten Sohn nahm unweit von mir Platz. Das Baby sah ich gar nicht wirklich, denn die Mutter hatte es in ein Tuch gewickelt, welches sie nahe an ihrem Körper trug. „Das Wiegen des Bootes lässt das kleine Kindlein sicher einschlafen", dachte ich mir. Gerne hätte ich sein Gesichtchen gesehen, doch die Mutter hielt es beschützend in ihren Händen verborgen.

Der Chef des Bootes richtete seine Blicke kontrollierend nach vorne. Wenn auch sein Gesicht ernst und versteinert wirkte, so konnte ich doch hin und wieder erkennen, dass ein kurzes, sanftes Lächeln über seine Lippen wanderte, wenn er den Kopf etwas drehte und in Richtung seiner Frau und seines Neugeborenen spähte. Mein Vater hätte es nicht riskiert, mich mit einem türkischen Schlepper über das Meer zu schicken. Er wusste, wenn der Bootschef seine Frau und sein Neugeborenes mit an Bord nahm, würde dieser nie sein Leben und das seiner Familie aufs Spiel setzen.

Wir mussten 1500 Euro pro Person für die Überfahrt bezahlen. Das war eine ganze Menge Geld, mehr als meine Familie im Sparschwein hatte. Das war auch der Grund, warum vorerst nur einer von uns die Reise antreten konnte. Ich war die Einzige aus unserer Familie, die genügend Mut hatte und daher in Frage kam. Meine Mutter, Pola und Jan sollten später nachkommen, sobald meinem Vater der Asylstatus zugesprochen wurde. Eine Überfahrt von der Türkei auf die Insel Chios mit der offiziellen Fähre hätte nicht einmal 25 Euro gekostet. Dafür aber brauchte man ein Visum, das wir natürlich nicht bekamen.

Mein Cousin Hamude hatte seinen schweren Rucksack hinter seinem Rücken verstaut und lehnte sich mit vollen Gewicht dagegen. Es war zu eng, um sich zu bewegen und so mussten wir einfach ausharren, auch wenn unsere Position nicht unbedingt bequem war. Mein Rucksack lag halb über meinen Knien und halb auf den Füßen eines mitfahrenden Reisegefährten. Ich wollte einen Schluck Wasser trinken, denn meine Zunge fühlte sich schon ausgetrocknet an und mein Hals begann zu kratzen. Aber ich wagte es nicht, mich zu bewegen oder gar mein Gepäck aufzuheben.

Während das schaukelnde Schlauchboot uns unsanft über das Ägäische Meer weitertrug, versuchte ich wieder meine Augen zu schließen und gleichmäßig zu atmen.

Verloren auf offener See

Roze

Mit einem unsanften Ruck und einem „Ga...Ga...Ga...Ga...“ wurde ich jäh aus meinem Halbschlaf gerissen. Der Motor tuckerte ein paarmal lauter als üblich und ließ dabei das Boot mehrmals auf und nieder schaukeln. Unruhige Gesichter blickten in diesem Augenblick auf unseren Bootsführer, der wie verrückt an einem Seil zu reißen begann, um den Motor wieder anzuwerfen. Noch ein paar Mal und das „Ga...Ga...Ga...“ erstarb zu einen „Tuck...Tuck...Tuck...“ und dann war Funkstille. Aus, Stille. Das Boot drehte sich im Kreis. Da, wo vorher noch rechts war, war jetzt links und wo vorne war, war jetzt hinten. Nur irgendwo zwischen den Köpfen der anderen Fahrgäste konnte ich weit in der Ferne Land erkennen. Ich hatte keine Ahnung, wo jetzt die Türkei oder wo Griechenland war. Wir drehten uns im Kreis und das Boot hob und senkte sich mit den Wellen. Das Meer begann mit uns zu spielen, wie mit einem Stückchen Treibholz. Wir waren 45 Personen an Bord und erst jetzt, als wir keine Fahrt mehr hatten, merkten wir, dass unser Boot dem Gewicht nicht lange standhalten würde. Das Boot war überladen und unser Gewicht drückte das Schlauchboot zu tief ins Wasser. Der Benzintank war leer und in unserem Reservekanister, den anscheinend niemand nachgeprüft hatte, befand sich bloßes Wasser. Wie eine Nussschale waren wir den Wellen ausgesetzt. Bei jeder Bewegung nach unten stürzte eine Fontäne Wasser über das Heck und schon nach wenigen Minuten waren wir alle bis auf die Haut nass. Beängstigend rasch füllte sich das Boot mit Wasser. Wir waren in Seenot. Einer der Passagiere zwängte sich hoch und versuchte aufzustehen. Dabei begann das Boot so stark zu schaukeln, dass ich Angst hatte, wir würden gleich ins Meer kippen. Der Bootsführer schrie den Mann nervös an und befahl ihm, sich sofort wieder zu setzen.

Hektik brach aus. Einige Männer berieten sich kurz. Dann gab der Chef die Anweisung das ganze Gepäck über Bord zu werfen. Wie versteinert blickten die Anwesenden zum Chef, bis ein großer, stämmiger Mann um die Vierzig begann, alle Rucksäcke, die er ergreifen konnte, ins Wasser zu werfen. Das gefräßige Meer verschlang ohne Rücksicht alles, was ihm übergeben wurde und auch mein Reisegepäck versank in den Fluten. „Wie dumm ich doch war, dass ich noch kurz vor dem Einsteigen meine Converse gegen die Plastiksandalen gewechselt hatte", dachte ich mir. Ich hatte nichts mehr, außer der dünnen Kleidung, die ich am Körper trug. Aber in diesem Augenblick war das alles nicht mehr wichtig. Jetzt ging es nur mehr ums Überleben. Sofort schossen mir die Szenen des Abschiednehmens in den Kopf. Würde ich meinen Vater, meine Mutter, Jan und Pola je wiedersehen?

Die meisten Passagiere rissen in letzter Hoffnung ihre Handys aus den Hosentaschen, es wurden Notrufe, SMS und Hilferufe abgesandt. Eine Frau neben mir begann zu weinen, andere hingegen stießen spitze, schrille Schreie aus, die ich noch heute in meinen Ohren hören kann, wenn ich an diese dramatischen Stunden zurückdenke.

Währenddessen verzog sich die Sonne hinter dunklen Regenwolken. So, als wollte sie unseren Kampf gegen die Naturgewalt des Wassers nicht mit ansehen. Feuchtigkeit und Kälte begannen mir bis unter die Haut zu kriechen. Immer wieder spritzte eine Wasserfontäne auf uns nieder. Der Himmel meinte es nicht gut mit uns. Er öffnete seine Schleusen und ließ Regen auf uns niederprasseln. Unser Boot drehte sich weiter hilflos im Kreis und wir wurden von einer Welle zur anderen geschleudert. Wind und Regen wurden immer heftiger und die Sicht auf das Ufer verschwand hinter einer grauen Nebelwand. Wir waren verzweifelt. In Todesangst bliesen wir panisch in die Plastikpfeifen, die an unseren Schwimmwesten hingen. Instinktiv zog ich meine Schwimmweste etwas fester zu und kontrollierte, ob ich auch alle Schnüre gut zugebunden hatte. Wie die meisten Menschen am Boot konnte auch ich nicht schwimmen und daher versuchte ich mich krampfhaft an irgendeinem Gegenstand festzuhalten. Es war der graue Rucksack, der noch hinter dem Rücken meines Cousins eingezwängt und versteckt lag. Ich vergrub meine Finger in eine Stofffalte, solange bis meine Knöchel weiß wurden und drückte mich, so eng es ging, an Hamude. Ich hatte Angst, große Angst. „Es wird alles gut", versicherte er mir, aber er vermied es, mir dabei in die Augen zu blicken. Ich weinte: „Mama, Papa, ich will nicht sterben, ich will zu euch!"

Die Rettung

Roze

Ich hatte jegliches Zeitgefühl verloren, wie lange dieser Kampf gegen die Naturgewalten dauerte. Irgendwo aus der Ferne tauchte später ein großes Schiff auf. Ob es über Funk beordert wurde, um uns zu retten, oder ob es nur zufällig auf uns gestoßen war, hatte ich nicht mitbekommen. Das Rettungsboot machte sich mit ein paar lauten und tiefen Signaltönen bemerkbar. Während wir noch immer panisch auf unseren kleinen Pfeifen bliesen, kam das Boot langsam näher. Wir begannen mit den Armen zu winken und setzten unsere ganze Hoffnung auf diese Begegnung. Als das Boot in unsere Nähe kam, konnte ich einige uniformierte und einige in weiße Schutzanzüge gekleidete Männer erkennen, die vom Schiffsdeck zu uns herübersahen. Unser Boot schwankte noch immer bedrohlich, doch in der Hoffnung auf Rettung vergaßen wir für kurze Zeit die Angst und begannen hoffnungsvoll zu rufen und zu schreien.
„Ja, ja, hier, hier herüber, hier sind wir!", brüllten wir vor Angst. „Hier, hier, hier sind wir!"
Es dauerte noch eine ganze Weile, bis dann das Rettungsboot

nahe genug bei uns war. Sie warfen uns ein Seil zu und banden unser Boot an ihrem fest. Über einen kleinen Verbindungssteg und eine schmale Eisenstiege konnten wir unser schwankendes Boot verlassen und auf das Rettungsboot klettern. Ein Rettungsmann mit weißen Gummihandschuhen, weißem Schutzanzug und Mundschutz reichte mir seine Hand. Dankend ergriff ich diese in Eile. Fast ein bisschen zu viel Schwung hatte ich beim Umsteigen genommen, denn ich stürzte beinahe auf die andere Seite. Es war ein Boot der griechische Marine, welches uns zu Hilfe gekommen war. Zum Glück, denn wir waren schon viel zu weit weg von unserem Ziel der griechischen Insel Chios. Wind und Wellen hatten uns weit nordöstlich abgetrieben. Wir stiegen hoch auf das Deck und legten dort unsere Schwimmwesten ab. Die wenigen Habseligkeiten, die uns noch geblieben waren, mussten wir auf einen Platz zusammenstellen. Ein Mann in Uniform musterte und kontrollierte die spärlichen Gepäckstücke, bevor wir sie wieder in Gewahrsam nehmen durften. Hamude hatte Glück gehabt, er konnte seinen Rucksack retten. Wir saßen hilflos und nass auf dem Deck. Langsam begann es dämmrig zu werden und der Wind blies unfreundlich über unsere Köpfe hinweg. Obwohl Hamude selbst triefend nass war, packte er seine warme Jacke für mich aus. Ich nahm sie dankbar entgegen.

Die Männer der griechischen Marine flößten mir großen Respekt ein, denn sehr erfreut schienen sie über unsere Ankunft nicht zu sein. Niemand von der Marine sprach mit uns, niemand kümmerte sich um uns. Niemand erklärte uns, was jetzt mit uns geschehen würde. „Werden sie uns wieder in die Türkei zurückbringen?“, flüsterte eine Mutter, die ihre Kinder fest an sich drückte. Neugierig ließ ich meinen Blick über die verschiedenen Gestalten gleiten. Die vielen fremden Menschen, die ich bisher nicht beachtet hatte, erweckten nun mein Interesse.
Ich beobachtete eine Familie, die ich gleich zu Beginn meiner

Reise kennengelernt hatte, Anoschka und Saradaschdi mit ihren zwei Kindern. Raschid, der etwa sechs Jahre alte Bub, war in eine große Decke gewickelt, nur seine Beinchen baumelten unter dem Stoff hervor. Auch er hatte, so wie ich, nur dünne Sandalen an den Füßen. Das Baby schlief versteckt unter Anoschkas Windjacke. Da war dann noch eine Familie mit einem Jungen. Er mochte so um die zehn Jahr alt sein. Der Bub trug einen Pullover mit Kapuze, eine dunkle Jeans und braune Slipper. Ich konnte an seinen blauen Lippen sehen, wie kalt ihm war. Ich schaute zu ihm hinüber und unsere Blicke trafen sich kurz. Er nickte zurück, als würde er mir sagen, dass wir es überstanden hätten. Ich war zu beschäftigt, um auf dieses Nicken eine Antwort zu geben. Meine Augen wanderten weiter. Einige Meter vor mir stand im Kreis eine Gruppe junger Männer, die sich eifrig austauschten. Einer davon hatte sich eine Zigarette angezündet, an welcher er so hastig zog, als würde er keine Luft bekommen. Ein älteres Paar setzte sich mir gegenüber auf eine Metallbank. Die Frau zupfte ihr Kopftuch zurecht, so als hätte sie Angst, dass der Wind ihr die Kopfbedeckung nehmen könnte. Mit neugierigen Blicken suchte ich die Frau des Chefs mit ihrem Neugeborenen und fand sie ebenfalls auf einer Bank sitzend. Ihr kleines Bündel hatte sie, wie schon zuvor, eng an sich gepresst. Ich konnte nur eine kleine dunkle Locke des schlafenden Jungen erblicken. Ihr Mann saß daneben und seine Erschöpfung und Müdigkeit konnte man förmlich von seiner Körperhaltung ablesen.

Die Frau schenkte mir ein mütterliches Lächeln, zeigte auf ihre Tasche und winkte mich zu sich. Ich stand auf, drehte mich zu ihr und ging mit wenigen Schritten auf sie zu.

Aus einer Plastiktüte holte sie ein Sandwich für mich hervor. Ich bedankte mich mit dem Wort „Shukran“, was „Danke“ bedeutet und eilte zu meinem Sitzplatz zurück. Ich lächelte noch einmal dankbar zu ihr hinüber. Es war mir bisher noch nie so bewusst gewesen, wie wertvoll ein kleines Stückchen Brot sein kann. Ich aß es trotz meines großen Hungers mit Bedacht und Dankbarkeit.

Vorerst in Sicherheit

Roze

Einer der Marinesoldaten kam auf uns zu und stellte zwei Eimer mit heißem Tee auf den Tisch. Neben diese Eimer stapelte er noch ein paar Plastikbecher ineinander. Aber es waren viel zu wenig Trinkbecher für unsere ganze Gruppe. Das war alles, was wir von ihnen bekamen. Wir waren hungrig und hofften auf ein Stück Brot oder etwas heiße Suppe. Nein, keine Worte, auch keinen Blick waren wir ihnen wert. Eine ältere, kleine, rundliche Frau übernahm das Austeilen und gab jeder Gruppe oder Familie einen Becher. Bis auf den letzten Tropfen leerten wir den heißen Tee aus den Eimern.

Schön langsam wurde es dunkel und die Müdigkeit hatte all meine Körperteile ergriffen. Ich rollte mich auf meiner Bank zusammen und zog Hamudes warme Jacke etwas über meinen Kopf. Es war kalt und der Wind blies eisig auf mein vermummtes Gesicht. Hamude sprach noch mit ein paar Jungs aus Syrien, bevor auch er sich eine Bank für die Nacht suchte. Platz zum Liegen war genug, denn das Boot hätte mindestens 500 Leute fassen können. Liegend hörte ich noch eine Weile den Gesprächen der Männer zu. Einer der Reisenden vermutete: „Sie bringen uns nach Athen." Ein anderer erwiderte: „Alles besser als wieder zurück in die Türkei." Ja, das dachte ich auch. Meine Eltern hatten so viel für die Überfahrt bezahlt, jetzt mussten wir versuchen weiterzukommen. Irgendwann in der Nacht spürte ich, wie jemand eine Decke auf mich legte. Und während die Sterne über mir funkelten und der Himmel immer dunkler wurde, fiel ich in einen tiefen, traumlosen Schlaf.
Lärm und heftiges Treiben weckten mich in den Morgenstunden. Ich stand auf und richtete meine zerzausten Haare ein wenig zurecht. Unser Boot fuhr gerade an einem großen Fährschiff

vorbei, auf dem sich hunderte Touristen befanden. Wir hatten die Hafeneinfahrt von Piräus erreicht. Als ob wir Vorfahrt hätten, konnte unser Marineboot ungehindert an den anderen Booten vorbeifahren. Hamude war in sein Handy vertieft. „Unsere Familien warten sicher schon mit großer Sorge auf eine Nachricht von uns“, sagte er. Wir hätten uns ja gestern Abend gleich nach der Überfahrt melden sollen. Unsere Eltern wussten nicht, wo wir waren. Sie nahmen an, dass wir uns jetzt auf der Insel befanden und warteten auf ein Lebenszeichen. Sobald es möglich wäre, wollten wir ihnen eine Nachricht senden. Niemandem aber würden wir sagen, wie knapp wir einer Tragödie entkommen waren. Wir waren in Athen, nichts anderes zählte!

Hunderte Flüchtlinge aus Syrien und aus den umliegenden Ländern kamen täglich in Athen an. Diese erhielten nach ihrer Ankunft von den Behörden ein Dokument, das ihnen den Aufenthalt für bis zu sechs Monate gestattete, ungeachtet eines möglichen späteren Asylantrags, oder wie wir es nannten, eines Fingerprints. Das hieß, sie würden nicht inhaftiert, hätten aber, anders als Asylanwärter, auch keinen Anspruch auf medizinische Hilfe oder irgendwelche finanzielle Unterstützung. So in etwa hatte es unser Bootschef erklärt. Er bedankte sich bei uns und wünschte uns eine gute Weiterreise. Er würde vorerst einige Tage mit seiner Familie in Athen verbringen, um sich zu stärken und dann erst weiterreisen.

In der Zwischenzeit war auch die Sonne wieder am Horizont erschienen und ich freute mich über die wärmenden Sonnenstrahlen, die alles in ein farbenprächtiges Licht tauchten.

Aleppo: Flucht aus Bustan Al Basha.

Aleppo: Flucht aus Ashrafiyye.

Afrin: Zuflucht im Landhaus am Kurdenberg.

Afrin: Im Dorf Hamoradscho.

Polas Arbeitsplatz in einer türkischen Schneiderei.

Idris auf der Flucht in Griechenland.

Idris in Traiskirchen.

Erstes Kennenlernen mit Bernhard
in Maria Saal.

Gemeinsamer Ausflug mit den Asylwerbern.

Im Transitquartier
Klagenfurt.

Freiwillige Rotkreuz-Helfer.

Pola und Jan nehmen Abschied von Roze.

Roze mit ihrem Cousin Hamude.

Überfahrt mit einem Schlepperboot.

Idomeni: Station auf der Flüchtlingsroute nach Europa.

Ankunft von Roze am Hauptbahnhof Salzburg.

Eine kleine Welcome-Feier im Transitquartier Klagenfurt.

Auf der Flucht.

Stundenlange Fußmärsche entlang der Balkanroute.

Erschöpft schlafen Flüchtlinge auf Straßen und Feldwege.

Am Grenzübergang
in Spielfeld.

Plastikplanen und Kartons sind oft der
einzige Schutz vor der eisigen Kälte.

Die Freude ist rießengroß, die Familie ist wieder vereint.

Erster gemeinsamer Tag in Österreich.

Der erste Schultag in Österreich von Pola und Roze.
Jan lernt im Kindergarten die ersten deutschen Wörter.

Eine große Familie!

Athen

Roze

Kurz nachdem unser Schiff im Hafen angelegt hatte, wurden wir von zwei Marinebeamten abgeholt und zu einem Bus gebracht. Jetzt, wo wir griechischen Boden unter unseren Füßen hatten, würden sie uns nicht mehr in die Türkei zurückbringen. Das wussten wir.
Auf dem Weg aus dem Hafen beobachtete ich mit Neugier das bunte Treiben der Menschenmenge, das Dröhnen der Schiffe sowie das eilige Auf- und Abladen der bunten Kähne. Kleine Gruppen griechischer Hafenarbeiter, die hier und dort zusammenstanden, oder andere, die in Windeseile vorbeihasteten, füllten den Platz um den Kai. Der Hafen von Piräus beeindruckte mich. Noch nie hatte ich so viele große Schiffe gesehen. Ich ließ meine Blicke über das Gelände wandern. Weil ich mich von dem Geschehen rund um mich herum zu sehr ablenken ließ, verhaspelte ich mich mit meinen Sandalen in einer Steinritze. Beinahe wäre ich auf die Nase gefallen, konnte mich aber gerade noch rechtzeitig auffangen.
Dabei entdeckte ich mit Schrecken eine große Ratte, die knapp neben meinen Füßen vorbeihuschte. Nur ein Zentimeter hatte gefehlt, dann hätte sie meine Zehen gestreift. Das gruselige Tier mit seinem langen Schwanz jagte mir einen riesen Schreck ein. Mit einem spitzen Aufschrei sprang ich einen halben Meter hoch in die Luft. Hamude schüttelte den Kopf und grinste mir neckisch entgegen. Väterlich nahm er mir dann aber seine warme Jacke ab und drängte mich in den Bus.
Ich dachte kurz an Mama, die auch so panische Angst vor diesen grauen Nagern hatte.
45 Personen waren wir, als wir das Rettungsschiff verlassen hatten. Beim Einsteigen in den dunkelgrünen, schon etwas älteren Bus fiel mir aber gleich auf, dass einige aus unserer Gruppe

fehlten. Nur noch 35 von uns stiegen in den Bus. Spurlos waren zehn von uns verschwunden. Den griechischen Beamten, die alle ihre Waffen einsatzbereit am Körper trugen, schien das jedoch nicht aufzufallen. Oder hatten sie es einfach übersehen? Damals wusste ich noch nicht, dass dasselbe Spiel dann auch in Österreich für uns gelten würde. Auch wir würden eines Tages unerlaubt die Gruppe verlassen und unsere eigenen Wege gehen. Vorerst aber waren wir froh, dass wir heil in Athen angekommen waren und dass uns die Marinebeamten ein Stückchen weiterbrachten.

Sämtliche Taschen mussten wir vor dem Einsteigen abgeben. Das ganze Gepäck wurde nochmals inspiziert und danach in den Kofferraum des Busses verladen, was Hamude aber überhaupt nicht gefiel. Er maulte etwas mürrisch, getraute sich aber angesichts der Polizeipräsenz nicht zu widersprechen. Er hatte einfach Angst, keine Kontrolle über seine Habseligkeiten zu haben. Er war ja auch einer der wenigen, der sein Gepäck heil von der Türkei nach Griechenland gebracht hatte. Im Bus drückte er mir ein paar Kekse in die Hand, die er zuvor noch aus seiner Tasche genommen hatte und widmete sich wieder seinem Handy.

Die Fahrt dauerte nicht lange und das war gut so, denn ich hatte vor lauter Hunger schon das Gefühl, als hätte ich ein Loch im Bauch. Nach einer halben Stunde traf unser Bus im Eleonas-Camp ein, welches erst kurz zuvor für Flüchtlinge errichtet worden war. Eleonas bot Platz für rund 1000 Flüchtlinge und lag in einem kleinen Vorort westlich von Athen.

Dort sah es ähnlich aus wie die Landschaft in einem Science-Fiction-Film. Die großen Zelte waren von Lagerhallen und Schrottplätzen umgeben. Dazwischen standen kleinere Baracken und Container. Planen, Zelte und Schnüre waren kreuz und quer gespannt und rundherum war alles mit einem hohen Zaun umgeben. Die Wege waren trocken und staubig, die Luft roch nach Teer und Benzin. Staubkörnchen glitzerten in der Luft wie kleine, winzige Sternchen.

Camp in Athen

Roze

Wir wurden gleich in eine der Baracken geführt und mussten unsere Papiere einem Beamten vorlegen. Da wir noch kein offizielles Aufenthaltspapier für Griechenland besaßen, wurde ein Dolmetscher geholt und eine lange Befragung und eine mehrstündige Aufnahmeprozedur nahmen ihren Lauf. Man zeigte uns Landkarten und wir wurden alle einzeln befragt, wo wir herkamen, wer wir seien und wo wir hinreisen wollten.
Als ich an der Reihe war, um vor die Beamten zu treten, sagte ich verunsichert:

„Mein Name ist Roze, ich bin 12 Jahre alt"

Um meinen Hals trug ich seit Beginn meiner Reise ein kleines selbstgemachtes Stofftäschchen. Ich nähte es einige Tage vor meiner Abfahrt in der türkischen Schneiderei, in der ich über zwei Jahre lang fast täglich gearbeitet hatte. Ein weißes Stückchen Baumwollstoff mit buntem Streifenmuster hatte ich aus dem Abfalleimer der Näherei genommen und in der Mittagspause zu einer kleinen Tasche zusammengenäht. Oberhalb hatte ich ein Kordelband eingezogen, damit ich die Tasche gut verschließen konnte.

Ich zog das Band über meinen Kopf, öffnete die Oberseite ein wenig und zog einen linierten Zettel hervor. Auf diesem Zettel hatte meine Mutter mit deutlicher Schrift geschrieben:

„Mein Name ist Roze"

Darunter standen mein Geburtsdatum und einige Telefonnummern, die meiner Mutter in der Türkei, die von Hamude, die Nummer einer Tante, die noch im syrischen Afrin lebte, die

Nummer unseres Kapitäns, die ich nun sicher nicht mehr benötigen würde und eine Telefonnummer mit einer österreichischen Vorwahl. Es war die meines Vaters, der zu dieser Zeit in Kärnten in einer Flüchtlingspension untergebracht war.

Hamude trat hinter mich und legte kurz seine Hand auf meine Schulter, so als wollte er sagen: „Sie steht unter meinem Schutz." Er legte die Papiere auf den staubigen Schreibtisch und trat wieder einen Schritt zurück. Der Beamte studierte eingehend die Seiten seiner Dokumente. Es dauerte eine ganze Weile, bis der griechische Beamte die Papiere wieder zurückgab und ich befürchtete schon, dass er sie überhaupt behalten würde. Meinen Zettel hatte der Beamte gar nicht in die Hand genommen. Daher steckte ich ihn vorsichtshalber wieder in die Tasche zurück. Meine Mutter hatte mir immer wieder eingeschärft, dass ich diesen Zettel ja nicht verlieren dürfe.

Danach wurden uns Schlafplätze zugeteilt. Die Familien kamen in das Familienzelt. Mein Cousin und einige Männer wurden in einen anderen Teil des Lagers gebracht. Ich sollte mit den Frauen und Kindern in einem kleineren Zelt untergebracht werden. Ein Dutzend grüner Feldbetten standen in unserer Unterkunft dicht nebeneinander. Auf jedem Bett lagen eine Decke und ein Trinkbecher. Ein Gitterbett und einen kleinen Kinderwagen konnte ich knapp neben dem Eingang entdecken. Das Zelt war mit einem grauen Plastikboden ausgelegt und es roch ein wenig nach Schweiß und Gummi. Dennoch sehnte ich mich beim Anblick der Betten nach einer Schlafpause und ich war in großer Versuchung, mich auf eine der Stoffpritschen niederzulegen.

Ich hatte jedoch mit Hamude vereinbart, dass wir uns in ein paar Minuten vor der Essensausgabe treffen würden. Ich wollte ihn nicht unnötig warten lassen. Mein Bauch hatte sich längst schon wieder mit Hungergefühlen gemeldet und so schlenderte ich die Zeltstadt entlang und suchte den Eingang zur Essensausgabe.

Es war das größte der Zelte und es dauerte auch nicht lange, bis ich Hamude sehen konnte. Er winkte mir schon aufgeregt mit seinem Handy zu und murmelte dann noch einige Worte hinein. Super, wir hatten Empfang und konnten unseren Familien eine Nachricht senden.

„Wir sind in Athen,
haben unsere Papiere
und reisen morgen weiter."

Hamude tippte diese Worte in die Tastatur und drückte auf „Senden".

Schön langsam füllte sich der Platz an der Essensausgabe und wir stellten uns in die Reihe der Wartenden. Meinen Trinkbecher hatte ich mitgebracht und so standen wir eine ganze Weile, hungrig und durstig, bis uns ein Schöpfer Reis mit roter Sauce auf einen Pappteller gegeben wurde. Den Trinkbecher streckte ich hastig an der Essensausgabe einer Rot-Kreuz-Helferin entgegen und trank ihn sofort nach dem Befüllen leer. Mein Durst war immer noch nicht gestillt. Mit bittenden Augen streckte ich ihn gleich nochmals der Helferin entgegen. Das Essen war o.k. Als Reserve hatten wir noch Trockenfrüchte und ein paar Kekse dabei. Diese bräuchten wir, falls sich der Hunger später wieder bemerkbar machen sollte. Es war mir aber klar, dass Hamude mit seinen „Schätzen" sparsam umgehen wollte und deshalb holte er nur ein paar Mandeln hervor, von den Keksen bekam ich vorerst nichts zu sehen.

Bei der Kleiderausgabe

Roze

Nach dem Essem gingen wir weiter zur Kleiderausgabe. Natürlich war diese für Frauen und Männer getrennt. „Bei der Kleidung, da brauche ich keine Hilfe“, erklärte ich meinem Begleiter. Ich öffnete die Tür zur Baracke, an der in mehreren Sprachen „Damen“ stand und trat ein. Ein paar Frauen mit bunten Kopfbedeckungen nickten mir freundlich zu und tasteten mich mit ihren Augen ab, vermutlich um meine Körpergröße abzuschätzen. Eine besondere Augenweide war ich sicher nicht für sie. Meine Jeans war zwar wieder getrocknet, sah aber ziemlich verknautscht aus und hatte vom Salzwasser weiße Ränder bekommen. Mein T-Shirt hatte ich beim Essen mit Sauce bekleckert, weil ich die besondere Gabe besitze, mich immer anzukleckern. Meine Haare waren auch noch nicht gekämmt, denn mein Kamm schwamm irgendwo im Mittelmeer, so wie auch meine Zahnbürste und alle anderen Dinge, die ich jetzt schmerzlich vermisste. Schmutzig guckten meine Zehen unter den Plastiksandalen hervor. Aber ich war immer schon mutig und wusste mich durchzusetzen. So ging ich zielstrebig auf die Damen zu und zeigte auf meine Hose. „Pantalone?“ fragte ich. Die Frauen lächelten freundlich und fragten mich, wie ich heiße. „Roze, Roze Ibrahim“, antwortete ich. Dann ging auch schon meine Plaudertasche mit mir durch. Ich erzählte von meiner Reise, von meiner Familie und von meinem verlorenen Gepäck. Die Frauen brachten mir ein paar Kleidungsstücke. Etwas probieren wollte ich nicht, ich nickte nur bei einigen Sachen, die sie mir gaben. Das Notwendigste hatten sie für mich zusammengesucht und zwar eine braune Stoffhose, ein Shirt, eine Jacke, ein Paar Socken und neue Turnschuhe. Eine Packung Seife und eine kleine braune Damenhandtasche, die man wie einen Rucksack tragen konnte, bekam ich noch von

ihnen. Ich stopfte alles in meine neue Tasche, nur die Schuhe nicht, die nahm ich in die Hand. Eine der freundlichen Damen gab mir ein paar Süßigkeiten und noch während ich das alles entgegennahm, sah ich auf einem Tisch, auf dem auch Kinderkleidung aufgestapelt war, ein süßes dunkelblaues, transparentes Röckchen liegen. Wie magisch wurde ich davon angezogen. Ich ging zum Tisch und nahm das kleine, zarte Stückchen Stoff in meine Hände. Ein zartes Tutu in drei Tülllagen, so winzig klein, dass es vermutlich nur einem sehr zarten Mädchen passen würde. Ich konnte mich daran erinnern, dass Pola und ich auf einer Hochzeitsfeier in Syrien auch so ein ähnliches Kleid getragen hatten. Meines war rosa, Pola ihres gelb. Das mit transparenten Rosen gewebte Röckchen nahm ich vorsichtig in meine Hände. Es war einfach wunderschön. Ich musste es unbedingt berühren und den zarten Stoff mit meinen Fingern fühlen. Der Bund war ein feiner, breiter Gummizug, die drei Lagen Stoff waren mit einem seidenen Satinband eingesäumt. Ich vergrub meine Nase darin und genoss den herrlich frischen Duft und die Erinnerung an meine verschwundene heile Welt. Mit flehenden Augen sah ich zu den Damen hinüber, die mich kurz zuvor so nett eingekleidet hatten und hoffte auch hier auf ein Ja. Eine der Damen nickte kurz zu mir herüber. Ob es ein Ja war, oder ob es ein verabschiedendes Zuwinken war, konnte ich nicht so genau erkennen. Freudig packte ich das kostbare süße Röckchen in meine Tasche. Auch wenn darin nicht viel Platz war, konnte ich es einfach nicht mehr zurücklegen.
Danach ging es ab unter die Dusche. Ich wollte ja wieder sauber werden. In dem Waschcontainer kannte ich mich mit den Armaturen nicht so genau aus. Ich fand leider nur das kalte Wasser. Doch das Waschen tat mir gut und so halbwegs sauber wurde ich dann doch noch. Da mir ein Handtuch zum Abtrocknen fehlte, musste ich mich eben noch nass in meine neue Hose hineinzwängen. Im Großen und Ganzen war ich jetzt wieder zufrieden mit

mir. Ich war satt und halbwegs sauber. Ich glaubte Mama wäre stolz auf mich gewesen, wenn sie mich jetzt hätte sehen könnte. Bis aufs Zähneputzen! „Na ja, drücken wir halt mal ein paar Tage die Augen zu", dachte ich mir.
Hamude ermahnte mich, früh schlafen zu gehen, denn am nächsten Morgen hätten wir eine lange Reise vor uns. Er musste abends nochmals zurück in ein Athener Viertel fahren, denn er wollte sich mit einem Freund auf dem Omoniaplatz treffen. Der hatte uns schon die Buskarten besorgt, damit wir am Morgen zeitlich aufbrechen konnten. Ich sollte lieber im Camp bleiben, meinte er, ich war angesichts meiner Müdigkeit sofort damit einverstanden. So ging ich zurück in mein Schlafzelt, wo schon einige Frauen und Kinder ihre Feldbetten belegt hatten. Im Zelt war unter den Frauen noch munteres Geplauder zu hören. Ich aber machte mir nicht die Mühe, jemandem zuzuhören oder mich noch mit jemandem zu unterhalten. Auch die Kinder, die noch herumtollten, ignorierte ich. Müde legte ich meine Kleidung zusammen, stellte meine Schuhe unter die Pritsche und breitete meine Decke auf dem schmalen, harten Bett aus. Kopfpolster hatte ich keinen, daher wickelte ich einfach meine neue Jacke unter meinem Kopf zu einer Rolle zusammen. Ich vergewisserte mich nochmals, ob ich das Halstäschchen nach dem Duschen wohl wieder umgehängt hatte. Ja es war da. „Gut gemacht, Roze", lobte ich mich selber. Dann ließ ich kurz noch einmal die Geschehnisse der letzten Tage in meiner Erinnerung vorbeiziehen. Kurz bevor mir vor Müdigkeit die Augen zufielen, sah ich nochmals das wunderschöne Ballettröckchen in meinen Gedanken. Sogleich setzte ich mich nochmals auf und kramte in meiner Tasche, zog das zarte Röckchen aus meinem Gepäck und legte es vorsichtig auf meine Bettdecke, so als hätte ich Angst, dass es zerknittern könnte. Sehnsuchtsvoll strich ich mit den Fingern über den zarten Stoff. Mit einem sanften Seufzer kuschelte ich mich wieder unter meine Decke und drückte das Stückchen Tüll, wie ein Stückchen Heimat, an mich.

Gedankenverloren

Roze

Meine Gedanken trugen mich vor dem Einschlafen noch einmal zurück in eine Zeit, wo meine Welt noch heil und unbekümmert war. Ich sah mich im Gedanken in unserer schönen Vier-Zimmer-Wohnung in Bustan Al Basha, meiner Heimatstadt. Unsere Familie saß zusammen an unserem großen Esstisch. Mama hatte das schöne Geschirr aufgedeckt und eine große Pfanne Kafta, das ist faschiertes Fleisch mit Tomaten und Granatapfelsaft, gebraten. Mama und Papa, meine Schwester Pola, Jan und ich saßen bei Tisch und wir erzählten uns Geschichten und lachten, bis uns die Tränen aus den Augen kullerten. „Ich war glücklich in meiner Heimat", seufzte ich.

Mein Bruder Jan war damals ein Jahr alt, als wir von Aleppo in die Türkei flüchten mussten. „Ob er sich später noch an seine Heimat erinnern wird?" fragte ich mich. Wir hatten ein gemütliches Heim, uns fehlte es an nichts. Ja, es ging uns gut! In unserer Küche stand ein großer neuer Kühlschrank, in dem immer genügend Essen bevorratet wurde. Wir kauften im Supermarkt ein, was wir brauchten oder spazierten, wenn wir Lust hatten, zum großen Bazar in der Altstadt.

Unsere Mama war bei uns zu Hause, während Papa in einer großen Schneiderei arbeitete. 80 Nähmaschinen surrten unter fleißigen Händen viele Stunden am Tag. Es wurden hauptsächlich Jeans genäht, die für den Export bestimmt waren, vor allem Markenjeans und Herrenjacken. Mein Papa war der Vorarbeiter im Betrieb und sein Chef kam nur in die Firma, um zu sehen, ob alles gut lief. Papa arbeitete täglich von neun Uhr morgens bis neun Uhr abends und das sechs Tage in der Woche. Nur sonntags hatte er frei. Dann machten wir meistens Ausflüge oder gingen in die Moschee, um zu beten. Oft trafen wir unsere Onkel und Tanten und wenn Zeit genug war, fuhren wir hinaus nach Afrin. Unser Landhaus am Kurdenberg, in welchem wir auch nach unserer Flucht einige Monate untergekommen waren, stand inmitten von vielen Olivenbäumen, welche alle zwei Jahre eine gute Ernte einbrachten.

Im Sommer, wenn meine Großeltern auf dem Land waren, lebten sie hauptsächlich von Oliven und Käse und den üppigen Makdous, das sind eingelegte Mini-Auberginen gefüllt mit Nüssen, die meine Mama immer für sie mitbrachte. Oma kochte oft den halben Tag, wenn wir zu Besuch waren. Die Väter sind stolz, wenn ihre Frauen gut kochen und genießen dadurch das Ansehen der Familie in der Gesellschaft, vor allem aber auch, wenn sie genug Geld verdienen, um ihren Frauen und Kindern ein gutes Leben bieten zu können.

Meine Gedanken wanderten weiter in Richtung Schule, die nur wenige Straßenreihen von zu Hause entfernt war. Dort, wo ich zu meiner kurdischen Muttersprache auch Arabisch und ein bisschen Englisch lernte, hatte ich viele Freundinnen.

„Was ist wohl aus ihnen geworden?" Sakie, meine beste Freundin und Wisam, meine Sitznachbarin, seit dem Anschlag hatte ich nichts mehr von ihnen gehört. Mit Bara, Sala, Amina, Schirahs und Fatme, die im selben Haus wie wir wohnten, waren wir fast täglich zusammen. „Werde ich sie je wiedersehen?"

„Meine Welt ist kaputt, so kaputt wie unsere Wohnung, wie meine Schule, wie unsere wunderschöne Stadt Aleppo, zerbombt wie Mamas Elternhaus". Tränen kullerten über meine Wangen.

Erste Begegnungen mit den Asylwerbern

Kornelia

„Manchmal ist es schon sonderbar, was aus Begegnungen wird und wie sich die Wege kreuzen", ging es mir durch den Kopf. Erst vor ein paar Wochen lernte ich Idris Ibrahim aus Syrien kennen. Obwohl wir uns erst kurz kannten und uns noch kaum verständigen konnten, hatte ich ihn ein paar Tage später um seine Unterstützung gebeten.

Eigentlich war es mein Mann Bernhard, der die ersten Kontakte zu Idris knüpfte. Er hatte im Rahmen seines caritativen Wirkens in der Pfarre die Idee gehabt, mit den in Maria Saal untergekommenen Flüchtlingen, oder Asylwerber wie ich sie lieber nannte, einen gemeinsamen Ausflug zu machen. Einerseits wollten wir ihnen eine Möglichkeit bieten, einen Tag aus ihrem, zum Nichtstun verdammten Alltag zu entfliehen, andererseits war es auch für uns eine Möglichkeit, diese Menschen kennenzulernen. So war diese Wanderung bunt durchmischt mit Leuten aus dem Domverein, den Asylwerbern und ihren Quartiergebern. Schon nach wenigen Schritten gesellte sich Idris zu Bernhard und die ersten Worte wurden gewechselt. „Wie du heißen?" „Woher kommen du?" „Wie viele Jahre du?" Das waren, wie auch für so viele andere Flüchtlinge, die ersten Worte, die Idris in einer ihm bisher fremden Sprache an Bernhard richtete. Aber bei einer Wanderung ist es nicht unbedingt notwendig mit Worten zu kommunizieren und so kamen alle gemeinsam, auch ohne großen Wortschatz, gut ans Ziel.
Der Ausflug führte die Gruppe auf die Burg Hochosterwitz. Diese ist mit ihren spitzen Türmchen ein beliebtes Ausflugsziel und immer wieder ein beeindruckendes Erlebnis. Vierzehn historische Burgtore, eingebettet in eine große Wehranlage, führten

sie zurück ins Mittelalter, in die Zeit der Ritter und Burgherren. Besonders die alten Ritterrüstungen und die Waffensammlungen waren für alle sehr beeindruckend. Für unsere Asylwerber war dieser Ausflug nicht nur eine interessante Begegnung mit unserer Geschichte, sondern auch ein guter Beginn, unser schönes Land Kärnten etwas näher kennenzulernen. Die Scheu vor den fremden, dunkelhäutigen Männern konnte auch von unserer Seite ein bisschen überwunden werden. Der Abschluss des Ausfluges wurde mit ein paar Gläschen Wein auf der Terrasse vor unserem Haus gekrönt.

Bernhard und ich laden gerne Gäste zu uns nach Hause ein. Aber auch wir dürfen immer wieder Gastfreundschaft genießen, sei es zu Hause oder auf unseren Reisen. Beide sind wir leidenschaftliche Fotografen und sind mit unseren Fotokameras schon um die halbe Welt gereist. Dadurch durften wir auch viele unterschiedliche Völker, Kulturen und Menschen kennenlernen. Vielleicht ist gerade das der Grund, warum wir beide keine Scheu vor den Menschen haben, die jetzt hilfesuchend nach Europa gekommen waren.

Bernhard versucht dies immer so zu erklären: „Die Schöpfung ist ein Wunderwerk an Vielfalt. Wenn wir zum Beispiel durch Wiesen spazieren und die unzähligen Blumenarten mit ihren verschiedensten Blüten und Farben bewundern, wie trostlos wäre es, wenn es nur rot blühende Tulpen gäbe oder nur gelbe Rosen. So wie weltweit keine Tannennadel der anderen gleicht, ist es auch bei uns Menschen, keiner gleicht dem anderen. Die Vielfalt macht das Leben aus."

Für uns ist es immer wieder spannend, neues, anderes Denken, andere Meinungen, Kulturen, Erfahrungen oder Lebensgeschichten kennenzulernen. Ein oder zwei Stunden saß die bunte

Truppe noch auf unserer Terrasse und zeigte sich gegenseitig Fotos von ihren Familien und Bilder aus der Heimat. Idris, der quirlige, gesprächige, junge Mann, erzählte, so gut er konnte, von seinem Elternhaus, von den Olivenbäumen und vom Garten seines Vaters. Er war auch begeistert von unserem Garten. Vor allem das viele satte Grün ringsherum beeindruckte ihn sehr. Er schickte ein paar Fotos davon via Facebook an seine Familie in die Türkei. Darunter schrieb er:

„In Österreich alles grün".

Seit ungefähr fünf Jahren wohnen wir in dem kleinen Dorf Possau bei Maria Saal. Es besteht nur aus 17 Häusern, einer Kirche und einem mächtigen Schloss. Dort haben wir ein schönes, neues Haus gekauft. Wir wohnen zwar etwas außerhalb der Stadt, aber wir werden dafür mit einem traumhaften Ausblick auf Berge, Felder und Wiesen belohnt. Innen ist unser Haus geräumig und in offener Bauweise gebaut. Das Büro meines Mannes und mein kleines Fotostudio sind ebenfalls im Haus untergebracht. Platz haben wir genug zur Verfügung, denn unsere Kinder Stephanie und Christoph sind schon erwachsen und kommen nur noch zu Besuch nach Hause.

Eine Augenweide für alle ist sicher unser gepflegter, großer Garten. Bernhard hatte in den letzten Jahren viele Rosensträucher gesetzt, Blumenbeete angelegt und Hochbeete aufgebaut.

Natürlich erfordert die Pflege der Anlage immer wieder viel Zeit und Geduld. Aber es ist auch ein schöner Ausgleich zur Hektik des Alltags. Idris hat sich angeboten und zu Bernhard gesagt. „Wenn du arbeiten, ich komme, ich dir helfen."

Kornelia und Idris fahren nach Krumfelden

Kornelia

Ich stopfte noch die letzte Tasche in mein Auto und drückte heftig die Kofferraumtür zu. Alles war verstaut und die Fahrt konnte beginnen. Zuerst musste ich Idris abholen. Er sollte mich bei meiner Aktion begleiten und unterstützen. „Hoffentlich geht alles gut", dachte ich mir, während ich zu ihm fuhr.

Schon seit einigen Wochen hörte man in den Medien täglich Meldungen über Flüchtlinge, die jetzt in Scharen nach Europa kamen, sowie vom überfüllten Traiskirchen und von der großen Not der geflohenen Menschen. In Althofen, unweit unserer Gemeinde, wurde ein ehemaliges landwirtschaftliches Gut in ein Flüchtlingsquartier umgerüstet. 37 Zelte wurden dort aufgebaut, um somit Asylwerbern, die in Traiskirchen keinen Platz fanden, auf andere Lager und Camps aufteilen zu können. Demnach wurden dann 300 Flüchtlinge nach Althofen überstellt. Von Christina, einer Freundin, die selber schon einige Male ins Lager gefahren war, um Hilfspakete und Spenden hinzubringen, bekam ich einige Informationen und wusste daher, dass vieles gebraucht und benötigt würde.

Es war mir ein Bedürfnis, diesen Menschen, von denen viele nichts mehr hatten außer ihr nacktes Leben, so gut es mir möglich war zu unterstützen. So schickte ich Idris tags zuvor ein Whats-App und bat ihn, mich zu begleiten. Er wartete schon vor der Pension auf mich. Mein Auto war randvoll bepackt mit warmer Kleidung, Taschen, Rucksäcken, Schuhen, Hygieneartikeln und vielen Spielsachen.

Einiges hatte ich innerhalb unseres Freundeskreises gesammelt. Unterwäsche hatte ich einige Tage zuvor in einem Großkaufhaus erstanden. Eine Schachtel Süßigkeiten hatte mir ein Bekannter noch am Vorabend ins Haus gebracht, auch einige Bücher und Malsachen waren dabei. Für mich war es nicht nur entscheidend etwas zu spenden, nein, ich wollte auch die Menschen treffen und etwas über sie erfahren. Es war und ist mir immer wichtig, mich nicht nur auf die Informationen der Medien zu verlassen, sondern mir ein eigenes Bild der Situation zu verschaffen, um daraus für mich die richtigen Schlüsse ziehen zu können. So war es für mich sehr wertvoll, Idris als Dolmetscher an meiner Seite zu wissen. Wenige Kilometer vor dem Camp sahen wir schon einige Frauen mit kleinen Kindern spazieren gehen. Was mag in diesen Menschen wohl vorgehen? Wie erleben sie unser Land, die Menschen, die ihnen auf unterschiedlichste Weise begegnen? Wie mögen sie sich fühlen, wenn wir mit unseren Spenden ankommen, als Beschenkte oder als Almosenempfänger? Fragen über Fragen kreisten in meinem Kopf.

Ein Gedanke aber verfolgte mich immer wieder: Wie würde ich mit dieser unvorstellbaren Situation umgehen? Wie schnell könnte das einem selbst passieren? Ich dachte an das Jahr 1986. Damals war ich gerade zu unserer Tochter Stephanie schwanger, als ich im Radio hörte, dass Kinder nicht mehr im Garten spielen sollten. Die Nuklearkatastrophe von Tschernobyl war weit weg von Österreich, doch unser Land ist umgeben von Atomkraftwerken. Wohin sollten wir gehen, wenn wir von einer radioaktiven Wolke bedroht werden würden? Was sollten wir auf der Flucht mitnehmen? Wer würde uns aufnehmen?

Gespannt fuhren wir weiter. Die kleine Straße führte zu einer hölzernen Brücke, die sich über einen aufgestauten Bach spannte. Auf einem Schild las ich:

„Unbefugten ist das Betreten verboten!“

Sollte ich das jetzt beachten? Leichte Unsicherheit machte sich breit. „Wenn ich jemandem helfen will, so werde ich wohl nicht unbefugt sein", dachte ich mir und trat aufs Gaspedal, um den letzten Hügel in Angriff zu nehmen. Nun standen wir vor dem Eingangstor der Zeltstadt. Ein Security-Guide stoppte mich mit einem Handzeichen. Er begann mir Parkanweisungen zu geben und bestand darauf, dass ich genau an einer von ihm bestimmten Stelle stehen bleiben musste. Ich fragte mich, warum ich jetzt genau hier parken sollte. Er blickte mich fragend an, nickte mit dem Kopf, während er auf mich zukam. „Was wollen Sie?", war seine schroffe Frage. Nur zögernd antwortete ich ihm: „Wir haben einige Sachspenden im Auto." „Fahren Sie diese Straße weiter, hinter der großen Kurve steht ein Haus, dort können Sie alles ausladen", befahl er in strengem Ton. Na ja, gerade wohl fühlte ich mich dabei nicht, dennoch startete ich meinen Wagen und wir fuhren das kleine Stück noch weiter.

Vor dem großen Gutshaus, das vermutlich als Büro und Lagerraum gedient hatte, stand ein mittelgroßer Lastwagen. Eifrig luden junge, dunkelhäutige Männer Kartons von abgestellten Paletten ab. Eine blonde Dame trat aus dem Gebäude und bewegte sich auf uns zu. Sie machte einen freundlichen Eindruck, aber es schien mir, als hätte sie gerade nicht genügend Zeit für ein Gespräch. Sie meinte kurz: „Bitte tragen Sie alles, was Sie haben, einfach in die große Eingangshalle." Idris öffnete den Kofferraum und begann die ersten Schachteln auszuladen. Ganz obendrauf hatte ich zwei Backbleche mit Kuchen gelegt, den ich vormittags gebacken hatte. Ich nahm eines der Bleche und hielt sie der jungen Dame entgegen. Diese aber entgegnete: „Tut mir leid, Lebensmittel dürfen nicht ins Camp gebracht werden. Das ist Vorschrift!" „O.k., dann halt nicht", dachte ich etwas beleidigt. Ich hob auch das zweite Kuchenblech aus dem Auto, damit wir besser an die Kartons gelangen konnten und stellte die duftenden Kuchen auf einer freistehenden Palette ab. Idris hatte schon die Blicke der jungen Männer bemerkt und so kontaktfreudig wie er war, begann er auch gleich ein Gespräch mit ihnen. Die junge blonde Dame sah zu uns herüber und meinte: „Na, im Gutshaus dürfen Sie die Kuchen schon da lassen, aber ins Camp hinein darf nichts davon mitgenommen werden.“ Das war auch nicht nötig, denn es dauerte nicht lange und die Kuchen waren verspeist. „Na wenigstens eine gute Tat ist vollbracht“, dachte ich mir. Kurz gab ich Idris Anweisungen, welche Kartons er in den Lagerraum bringen und welche er noch im Auto zurücklassen sollte. Ich hatte ein sonderbares Gefühl, konnte es aber nicht genau zuordnen. Irgendwie wollte ich nicht alles so unpersönlich abstellen und ich fragte mich, was mir dieses Gefühl jetzt sagen möchte. Einerseits war ich mir sicher, dass die Spenden gut ankommen würden, andererseits fehlte mir aber der persönliche Kontakt mit den Flüchtlingen. Und ich wollte auf keinen Fall so wort- oder begegnungslos wieder zurückfahren.

So ließen wir die Süßigkeiten, die Malbücher und einige der gekauften Kleidungsstücke, wie Unterwäsche und Socken, noch im Auto zurück. Plan B war bald erstellt und schon fuhren wir die kleine Straße wieder entlang, nochmals vorbei am Eingangstor der Zeltstadt. Dem Security-Guide würdigte ich nur mehr eines kurzen Blickes und schon waren wir wieder jenseits der Brücke, über die wir erst vor wenigen Minuten gekommen waren. Gleich nach der Ausfahrt entdeckten wir ein paar Kinder und das war dann auch gleich die erste Gelegenheit, meinen Plan B in die Tat umzusetzen.

Ich parkte den Wagen an einer kleinen Ausweichstelle, packte ein paar Süßigkeiten aus und bald darauf waren wir schon umringt von leuchtenden Kinderaugen. So schnell konnten wir gar nicht schauen, im Nu hatten wir alles Süße verteilt. „Kinder sind auf der ganzen Welt berührend“, dachte ich mir und bewunderte dabei die klaren strahlenden Augen, die uns fragend ansahen, als würden wir von einem anderen Stern kommen. Auch einige Erwachsene kamen zögernd auf uns zu. Idris sprach sie mutig an, er konnte sich in ihren Muttersprachen, Kurdisch, Arabisch oder Türkisch, einigermaßen verständigen. Eine Familie kam auch aus Idris' Heimatstadt Aleppo und ich bemerkte, wie sie traurig über die zerstörte Stadt sprachen. Ich wühlte in der Zwischenzeit in meinen Kartons herum und suchte für jeden etwas Passendes heraus. Dem kleinen Mädchen mit dem dunklen, langen Haar gab ich ein paar Haarspangen und einen Kamm. Einer älteren Frau überreichte ich ein Paket mit Wäsche und Strumpfhosen.

Eine Familie, die aus Damaskus geflohen war, erzählte uns von ihrer Flucht aus Ungarn und wie sie über einen Zwischenaufenthalt im Lager Traiskirchen hierhergekommen war. Das Paar wirkte auf mich sehr gepflegt und gebildet. Die junge Frau sprach fließend Englisch, aber irgendwie war ich mit der Situation und auch mit dem Wortschatz ein wenig überfordert. Bei ihren Erzählungen war mir fast die Luft weggeblieben. Einiges hatte ich nicht genau mitbekommen, aber dass sie in Ungarn sehr schlechte Erfahrungen gemacht hatten, konnte ich verstehen. Auch dass sie in Traiskirchen kein Zelt und kein Bett hatten und trotz Regens auf der Straße schlafen mussten, erzählten sie uns. Ich schämte mich dafür, dass so etwas in unserem Land passieren konnte.
Ich fragte sie: „Was braucht ihr?" Sie sagte: „Es ist so furchtbar kalt und wir frieren in den Nächten." Sie erzählte uns, wie sie in der Nacht versuchte, ihren sechsjährigen Sohn mit ihrem eigenen Körper zu wärmen und dass sie alles, was sie an Kleidung besaßen, übereinander anzogen. „Die Zelte sind unbeheizt", erzählte sie, „es ist kalt und feucht in den Nächten. Wir haben keine Schlafsäcke und die dünnen Decken halten die Kälte nicht genügend ab." Ich hatte im Auto noch eine Packung dicker Herrensocken, dunkelgrau und wohlig warm. Ich holte das Bündel

und übergab es der Syrerin. Es waren sechs Paar, die allesamt mit einem dünnen Plastikfaden zusammengebunden waren. Ich zeigte ihr, wie sie dem Kleinen die Socken bis übers Knie ziehen sollte und wollte ihr alle sechs Paar geben. Die junge Frau sah mich dankbar an, zeigte dabei mit drei Fingern auf die Socken, und deutete auf ihren Mann, auf ihren Sohn und auch auf sich. „Three - Drei", meinte sie. Sie nahm dann auch nur drei Paar, die restlichen sollten für andere bestimmt sein, die auch frieren.

Mir standen die Tränen in den Augen, so berührt hatte mich diese Begegnung. „Wahrscheinlich hätten viele von uns in dieser Not alle sechs Paar Socken genommen", dachte ich mir. Sie aber nahm nur für jeden ein Paar. Selbst in der großen Verzweiflung noch mit anderen zu teilen oder nicht mehr zu nehmen als nur das Notwendigste, das hatte mich sehr beeindruckt.

In meinem Kopf rasselten die Gedanken los und blitzartig sah ich in meiner Vorstellung meinen großen Wäscheschrank. „Ja, dort ganz oben in der letzten Reihe liegen einige Kartons mit Decken und Bettwäsche", kam mir in den Sinn. Einiges davon hatte ich sicher schon lange nicht mehr benutzt. Ich holte mein Handy aus der Hosentasche, checkte kurz die Uhrzeit und fragte das syrische Pärchen: „Könnt ihr in einer Stunde nochmals hier sein? Wir holen einige Decken und warme Sachen für euch!" Eindringlich wiederholte ich meine Aussage mehrmals: „In einer Stunde um ca. 18 Uhr kommen wir noch einmal hierher und bringen warme Decken und Bettwäsche für euch mit".

Das Pärchen nickte mir staunend zu, aber dennoch war ich nicht ganz sicher, ob es mich auch wirklich verstanden hatte. Ich bemerkte auch, dass Idris mich mit fragenden Augen verwundert ansah. „O.k., 18 Uhr", betonte ich nochmals, bevor wir in den Wagen stiegen und losfuhren.

Wärmende Decken

Kornelia

In zwanzig Minuten war ich wieder zu Hause und durchforstete meinen Schrank nach allem, was warm und bequem war. Einige Polster und Bettdecken konnte ich sicherlich entbehren, auch warme Flanellbettwäsche und Flauschdecken holte ich hervor. Warme Kleidung, Handschuhe und Mützen und was ich sonst noch auf die Schnelle finden konnte, stopfte ich in einige große Taschen hinein. Aus dem Kinderzimmer holte ich noch ein kleines Stofftier. Ich hatte es kürzlich irgendwo bei einer Tombola gewonnen. Den kuscheligen gelben Löwen setzte ich mit einem Lächeln auf die vielen Taschen und bat Idris, mir beim Einladen zu helfen. Idris sah mich noch immer mit fragenden Augen an, denn in meiner Aufregung hatte ich nicht die Muße gehabt, ihm verständlich zu machen, was ich jetzt noch vorhatte. Er trug geduldig die gesammelten Wäscheberge zum Auto. Erst als wir wieder auf der Straße nach Althofen waren, verstand er, was ich vorhatte. „Ha, heute, heute", sagte er und nickte mir zu.

Das Licht der Sonnenstrahlen verwandelte den blauen Himmel in ein freundliches Gelbrot und die Wolken tanzten verspielt am Horizont, während mein kleiner Wagen die Schnellstraße entlangeilte. Es war kurz vor 18 Uhr und ich war sichtlich angespannt und aufgeregt.

Würde das alles so unkompliziert funktionieren, wie ich es mir vorgestellt hatte? Natürlich war mir klar, dass ich nicht in der Lage sein würde, die ganze Welt zu versorgen. Aber wie könnte ich selbst in meinem warmen Bett friedlich schlafen, wenn ich wüsste, dass es da unweit von mir Menschen gibt, die frieren und Angst haben, Angst vor den eisig kalten Nächten, Angst vor der unbekannten Zukunft? Wenigstens gegen die Kälte konnte ich etwas tun, auch wenn es nur ein Tropfen auf dem heißen Stein war. Ich musste einfach etwas tun. Irgendwas in mir drängte mich so stark und von diesem Gefühl ließ ich mich einfach voll Vertrauen führen.

Im Zufahrtsbereich, kurz vor der Brücke zum Camp, sah ich sie warten, zwei hochgewachsene junge Menschen. Der Mann in seinem dunklen Parker hatte uns gleich erblickt. Die junge Frau, deren Haare unter einem gelben Schal versteckt waren, stand mit dem Rücken zu uns, sie sprach vermutlich mit ihrem Sohn. Schüchtern winkten sie zu uns herüber und kamen langsam auf uns zu. Als wir ihnen die Taschen übergaben, konnten sie es gar nicht fassen, dass dies alles für sie bestimmt sein sollte. Ich sah in die tränennassen Augen der Frau und es war wie eine Berührung zweier Herzen. Auch wenn man sich mit Worten nicht verständigen konnte, war Begegnung dennoch möglich und manches Mal sind diese Begegnungen dann auch besonders intensiv. Freudig tauschten wir unsere Telefonnummern aus und ich versuchte zu erklären, dass wir in den nächsten Tagen wiederkommen würden.

Sammeleuphorie brach danach bei uns zu Hause aus. Ich telefonierte mit unseren Familien, mit unseren Freunden, schickte E-Mails aus und berichtete auf meiner Facebook-Seite über die Geschichte mit den Flüchtlingen. Noch einige Male fuhren wir mit voll beladenen Autos zum Camp und verteilten, was wir gesammelt hatten. Eine Freundin gab mir sogar großzügig einige Geldscheine, um warme Decken zu kaufen. Ich glaube, es waren um die sechzig Stück Fleece- und Wolldecken, die wir gesammelt und gekauft hatten. Über Whats-App informierten wir unser syrisches Paar und konnten so auch weitere Familien direkt unterstützen. Nach zwei Wochen wurde diesem Paar eine fixe Unterkunft zugeteilt und wir freuten uns mit ihnen, dass sie das Notquartier verlassen konnten.

MEDIENBERICHTE

Kornelia

Die Medien waren täglich voll mit erschreckenden Meldungen und Kriegsberichten. Fotos und Videos, wie verletzte Kinder aus den Trümmern getragen wurden, konnte man überall auf YouTube und Facebook sehen. Bilder von Frauen und Kindern, denen man die großen Strapazen und die Angst von den Gesichtern ablesen konnte, gingen durch die Medien. Die Hilflosigkeit der Menschen, dazu der Hunger und die Armut, waren überall präsent.

Bernhard, mein Mann legte die Zeitung auf den Frühstückstisch und sah mich an. „Was ist das für eine Welt, in der wir leben? Was ist der Mensch nur für ein Lebewesen? Warum sorgt er für so viel Leid und Elend?“, waren nur einige seiner Fragen in diesem Zusammenhang. „Was könnten wir Sinnvolles tun?“, fragte er mich. „Ich will und kann hier nicht tatenlos herumsitzen und zusehen und mich über unser bisher geglücktes Leben freuen, wenn auf der anderen Seite Verzweiflung, Angst, Not und Armut herrschen.“ In den Nachrichten sahen wir einen Bericht über unbegleitete Minderjährige. Sie berichteten, dass sich derzeit an die 3000 unbegleitete Kinder und Jugendliche bei uns in Österreich aufhalten sollten.

„Ja, wir wollen etwas tun und unsere Hilfe anbieten“, das stand für uns fest. Wir dachten vorerst daran, vorübergehend ein Kind aufzunehmen oder jemanden, der aus dem Kriegsgebiet flüchten musste, zu unterstützen. Bernhard nutzte sein Organisationstalent und ermittelte die passenden Ansprechstellen. Eine lange Odyssee an Bürokratismus und Kommunikation mit vielen Ämtern und für unser Empfinden zu langsam arbeitenden Behörden nahm ihren Lauf. Manchmal waren wir verzweifelt und wollten aufgeben, weil wir auf der Stelle traten. Es war gar nicht so einfach, helfen zu wollen, und nicht selten hatten wir sogar das Gefühl, dass unsere Hilfe gar nicht erwünscht war. Das mit dem Kind wird wohl nichts werden, mussten wir resignierend und ernüchtert feststellen. Kinder kann man nicht so einfach aufnehmen, sondern man muss sie über das Jugendamt als Pflegekinder aufnehmen. Und ein Pflegekind? Diese große Verantwortung konnten wir nicht übernehmen und wir wollten auch keine Ersatzeltern werden. So schnell wollten wir jedoch nicht die Flinte ins Korn werfen und hatten daher noch verschiedene andere Varianten angedacht.

Bernhard war gerade am Marien-Pilgerweg unterwegs, da hörte ich von einer Freundin, dass sich eine hochschwangere Frau in einem Lager aufhalten sollte, die dringend eine Unterkunft benötigte. Wir nahmen Kontakt auf, doch letztlich ist auch das Projekt an den Vorgaben der Behörden gescheitert.

Unsere Lieferungen nach Krumfelden stellten wir in der Zwischenzeit ein. Eine Schweizer Betreiberfirma hatte mittlerweile dort im Auftrag der österreichischen Bundesregierung das Sagen und wir waren mit unseren Spenden nicht gerne gesehen. Ich sah auch keinen Sinn mehr darin, einem gewinnorientierten Unternehmen weiterhin Sachspenden zu bringen. Mir ging es nur darum, den Menschen zu helfen, die Hilfe benötigten, keinesfalls aber die Brieftasche einer ausländischen Betreiberfirma zu schonen.

Helfen zu wollen ist nicht immer leicht. Aber aufzugeben ist etwas, das nicht in unsere Kategorie fällt. „Es wird sich schon ein Weg finden, der letztlich für beide Seiten passt“, sagten wir uns.

Transitquartier Klagenfurt

Kornelia

Die Bilder vom Flüchtlingsstrom, der sich über die Balkanroute nach Europa wälzte, wurden uns jeden Abend frei ins Wohnzimmer geliefert. „Die Not so live in warmen Pantoffeln vor dem Fernsehgerät mitzuverfolgen, ist geradezu erschreckend und beschämend", dachte ich mir oft.

Eines Abends kam dann die Meldung, dass Flüchtlinge von Nickelsdorf direkt nach Klagenfurt gebracht werden sollten. Ein Transitquartier für bis zu 1000 Personen sollte im Süden von Klagenfurt errichtet werden. Spontan meldeten wir uns zum freiwilligen Dienst beim Roten Kreuz und konnten dort sofort erfahren, wie Hilfe professionell und sinnvoll organisiert und umgesetzt werden sollte. Begeistert von dem Ineinanderfließen der gemeinsamen Arbeit von Rotem Kreuz, Caritas, Diakonie, Verein Together, Pfadfinder, Hilfswerk sowie anderen Hilfsgemeinschaften und freiwilligen Helfern, verbrachten wir viele Tages- und Nachtstunden im Transitquartier. Wir waren ein gutes Team. Bernhard, unser Sohn Christoph, ich und weitere hunderte Helfer, die sich der Aufgabe gestellt hatten, die Hauptverantwortlichen bei ihrem Einsatz zu unterstützen. Wir waren stolz, gemeinsam etwas Gutes tun zu können.

Auch Idris hatten wir für die Sache begeistern können und er entwickelte sich zu einem eifrigen und vielseits beliebten Helfer inmitten der Rot-Kreuz-Truppe.

„Wo du go?", war eine seiner typischen Fragen, die er an die Flüchtenden stellte. Auch wenn es mit dem Deutsch noch ziemlich haperte, er machte es mit seiner fröhlichen und hilfsbereiten Art wieder wett.

Über 2000 Kilometer zu Fuss

Kornelia

Noch einige Monate zuvor hatte Idris die knapp 2000 Kilometer von Istanbul nach Österreich fast ausschließlich zu Fuß zurückgelegt. Es gab keine Camps und er besaß auch keine Durchreisepapiere. Da auch die Fluchtrouten noch nicht organisiert waren, konnte man nur unter Lebensgefahr und nur mit Hilfe von Schleppern über die Grenzen kommen.
Jeden Tag wachte Idris an einem anderen Ort auf. Er schlief am Straßenrand, unter Bäumen oder auf Feldern und war oft so erschöpft, dass er die Orientierung verlor. Wie er uns erzählte, aß er tagelang oft nur Brotkrümel und nur der Durst trieb ihn weiter. Ein paar Tage musste er sich im Sumpfgebiet vor der Mafia verstecken. Er wurde unterwegs ausgeraubt und geschlagen. Man hatte ihm sein Handy gestohlen und er besaß keinen Cent mehr. Die Schlepper hatten ihm alles abgezockt und am Ende seiner Reise saß er mit dreißig anderen Flüchtlingen in einem Kühltransporter, der ihn über die ungarisch-österreichische Grenze schmuggelte.
Mehr als vier Jahre Bürgerkrieg in Syrien hatten viele unsichtbare Wunden bei ihm hinterlassen. Die ständige Angst um seine Familie nagte immerwährend an seiner Seele und raubte ihm den Schlaf. „Angst vor der Polizei und Angst vor der Mafia zu haben sowie das ungute Gefühl den Schleppern ausgeliefert zu sein, sind keine guten Reisebegleiter."
Idris hatte es geschafft, er war schließlich in Österreich gelandet. Aber wie es für ihn weitergehen sollte, das wusste er nicht. Vielleicht hatte aber das Schicksal für ihn entschieden und seine Wege in richtige Bahnen gelenkt. Vielleicht war es auch seiner offenen, freundlichen und vor allem hilfsbereiten Art zu verdanken, dass er bald damit beginnen konnte, sich hier in Kärnten ein Netzwerk aufzubauen. Hier im Transitquartier zu helfen, wo täglich viele Flüchtlinge angekommen waren, brachte Idris

nicht nur viele Bekanntschaften und Freunde. Er sammelte auch immer wieder neue Informationen über die aktuellen Fluchtrouten. Er sprach mit vielen Ankommenden über ihre Fluchtwege und Ziele. So erfuhr er die Stellen, wo Camps errichtet wurden, wo die Registrierung von Flüchtlingen notwendig und möglich war. Er kannte die Wege entlang der Grenzzäune und wusste um die Versorgung durch die UNHCR. Ohne dieses Wissen hätte er seine Tochter wohl nie auf diese gefährliche Reise gehen lassen.
Eines Tages, bei einem gemeinsamen Dienst im Rot-Kreuz-Quartier kam er auf uns zu.
„Roze in Athen!", rief er. „Roze gehen und kommen, Roze in ein paar Wochen in Osterria". „Osterria" war lange sein Wort für Österreich.

Warten auf Asyl in Österreich

Kornelia

Idris war uns schon in den letzten Monaten immer mehr zum Freund geworden. Viele Gespräche über seine Familie, seine Zukunftspläne und seine Ängste hatten wir in den letzen Wochen gemeinsam geführt. Auf Facebook zeigte er uns Fotos von seiner Frau und seinen Kindern, mit denen er ständig in Kontakt war. Idris' Asylantrag war noch immer nicht bearbeitet worden. Sieben Monate waren schon vergangen, seit er den Antrag in Traiskirchen gestellt hatte und nun wartet er immer noch auf das Interview beim Bundesamt für Fremdenwesen und Asyl.
Nachdem das Warten Idris immer mehr verunsicherte, fuhr Bernhard mit ihm nach Villach zum Bundesamt für Fremdenwesen und Asyl. Sie erhofften sich dort genauere Informationen über seinen Befragungstermin bzw. das Interview zu bekommen. „Derzeit gibt es keine Chance", erwiderte der Beamte

hinter seinem Schreibtisch. „Frühestens in fünf bis sieben Monaten sehen wir uns zu Ihrem Gespräch wieder“, meinte er. Bei der Asylrechtsberatung bekamen sie die Information, dass auch nach einem positiven Bescheid der Familiennachzug immer noch ein bis zwei Jahre dauern könnte.
Die ganze Fahrt von Villach zurück sprach Idris kein Wort. Seine traurigen Augen wichen jeder Begegnung aus. „Er ist sichtlich zusammengebrochen, als er diese Information erhalten hat“, erzählte mir Bernhard beim Abendessen. Wir gaben unserem syrischen Freund das Versprechen, dass wir uns auch um seine Familie kümmern würden, wenn sie in Österreich angekommen sein würde. Und auf einmal ging alles sehr schnell. Roze war in Athen.

Aufbruch aus Athen

Roze

Ich schlief nicht gut in dieser Nacht, auch nicht, nachdem ich versuchte mir vorzustellen, zu Hause in meinem Bett zu liegen. Um Mitternacht begann es leicht zu nieseln und die Tropfen tanzten in unruhigem Reigen auf die Zeltplane. Ich zog mir die alte und verschlissene Decke über den Kopf und drehte mich noch einmal zur Seite. Trotzdem schlief ich erst in den frühen Morgenstunden ein, als der Regen endlich wieder nachgelassen hatte und nur noch ein leichtes Tröpfeln zu hören war.
Mit dem Gedanken, dass Hamude gleich kommen würde um mich abzuholen, erwachte ich aus meinem viel zu kurzen Schlaf. Noch während ich mit meinen Fingern versuchte, meine strubbligen Haare zu entwirren, hörte ich ein eindringliches Kratzen an der Zeltwand.
„Roze, Roze, bist du schon auf?“, rief eine schrille, fast mädchenhafte Stimme. Hamude war zwar ein junger Mann, aber wenn

man ihn genauer betrachtete, hätte er auch ein Mädchen oder eine Frau sein können. Er hatte einen femininen Blick, fein gezeichnete, volle Lippen und geschwungene Augenbrauen. Auch sein Gang und seine Bewegungen wirkten oftmals ein bisschen zu zart. Mich wunderte es nicht, dass auch er sein Land verlassen wollte, denn er war nicht geboren fürs Kämpfen und mit seiner sensiblen Art hätte er den Krieg auch kaum überstehen können.
„Ja, ich bin schon munter", rief ich ihm zu und warf einen kurzen Blick auf die noch schlafenden Frauen in meinem Zelt. Niemand hatte sich von unserem Morgengruß wecken oder stören lassen. So nahm ich wortlos Abschied von den Frauen und Kindern, die ich nicht kannte und wahrscheinlich auch nie wieder treffen würde. Ich packte meine kleine Tasche auf den Rücken, zog meine Turnschuhe unter dem Bett hervor und schlich aus dem Zelt. Als wir noch in Syrien wohnten und der Krieg schon an unsere Tür klopfte, hatten wir es uns angewöhnt, immer bekleidet schlafen zu gehen. Niemand wollte unerwartet in der Nacht mit einem Pyjama aus dem Haus laufen und deshalb hatte ich mich gestern Abend auch nicht ausgezogen. Außerdem besaß ich ja auch gar keinen Pyjama mehr. So war ich jedenfalls in wenigen Augenblicken reisefertig.
Draußen spürte ich die Feuchtigkeit in der Luft, die sich in den frühen Morgenstunden in Form von Tautröpfchen überall abgesetzt hatte. Glitzernd spiegelte sich die hervorkommende Sonne in tausenden Tröpfchen, die ich mit meinen Fingern zu berühren versuchte. „Komm", mahnte mich Hamude. „Wir haben keine Zeit zum Spielen, wir müssen den Bus pünktlich erreichen. Wenn wir ihn versäumen, müssen wir heute Nacht auf der Straße schlafen."
Nein, das wollte ich nun wirklich nicht und ich bemühte mich, mit ihm Schritt zu halten. Ich musste fast immer zwei Schritte machen, während Hamude mit einem Schritt auskam. Meine Füße waren doch so viel kleiner und so trippelte ich hastig neben ihm her.
Das Navi seines Handys führte uns geschickt durch einige Straßen,

Seitengassen und Kreuzungen in Richtung Norden. Ohne diesen kleinen intelligenten Reiseführer hätten wir es wohl nie geschafft, Athen zu verlassen, weil wir vermutlich immer wieder im Kreis gegangen wären.

Athen - Idomeni

Roze

Eine halbe Stunde waren wir schon auf den Beinen, bis mir auffiel, dass in dieselbe Richtung, die wir angestrebt hatten, auch einige andere Männer unterwegs waren. Flüchtlinge erkannte man schon von weitem: Zerschlissene Kleidung, mit einem Rucksack bepackt und einen Geruch hinter sich herziehend, der nicht gerade einladend war.

Hamude redete kurz mit einem der Männer und als dieser nickte, wusste ich, dass wir auf dem richtigen Weg waren. „Noch ein paar hundert Meter Fußweg, dann sollten wir unseren Bus erreichen", meinte er. Und es stimmte. Bereits wenige Minuten später sahen wir die Busse. Eine ganze Kolonne wartete bereits auf einem großen Platz. Kleinere Gruppen von Frauen und Männern standen wartend vor den Bussen oder unterhielten sich aufgeregt miteinander. Einige Landsleute und Menschen aus Nachbarländern saßen auf Decken oder Plastiksäcken am Straßenrand und verspeisten Fladenbrote. Bei diesem Anblick meldete sich auch bei mir der Hunger. Links, etwas abseits, sah ich einen kleinen Kiosk, in dem Wasser und verschiedene Lebensmittel angeboten wurden. Der Gedanke an ein Stück Fladen- oder Pitabrot entwickelte so starke Kräfte in mir, dass ich Hamude zu diesem Kiosk ziehen wollte. Leider war ich nicht stark genug, denn er wollte unbedingt zuerst zu den Bussen gehen. Unseren Bus ausfindig zu machen und unsere Plätze zu bestätigen, war für ihn natürlich wichtiger, als meine Sehnsucht nach einem Stückchen

Brot. „Abfahrt um 8:30 Uhr" stand auf dem Bus, der mit unserem Ticket übereinstimmte. Natürlich waren das keine regulären Linienbusse, auch wenn es auf den ersten Blick so aussah. Uns war das allerdings egal. Hauptsache wir kamen weiter. Die einfache Fahrt kostete pro Person vierzig Euro und es gab keine Jugendtarife, denn jeder Sitzplatz zählte. Der Bus sollte uns bis an die nördliche Grenze von Griechenland bringen. Wir checkten mit unseren mitgebrachten Tickets ein und ich war dankbar, dass mein Cousin diese am Vortag schon organisiert hatte. Andernfalls hätten wir die Karten erst heute kaufen können und würden erst einen Tag später einen Platz bekommen. Das hätte dann wirklich bedeutet, eine Nacht auf dem Platz hier auszuharren.

Gott sei Dank schafften wir es doch noch, etwas Essbares zu besorgen. Die Pita-Brote schmeckten herrlich und ich musste mich zusammenreißen, nicht gleich mehrere Bissen auf einmal von dem Brot zu nehmen. Für die Fahrt erstanden wir noch zwei Wasserflaschen und für jeden eine Orange. Die Preise waren wie in einem Nobel-Café und das Wasser kostete dreimal so viel wie in anderen Supermärkten. Aber Supermärkte gab es hier keine und das wussten vermutlich auch die Kioskbesitzer.

Kurz nach 8 Uhr 30 begann unsere Fahrt und der Bus bewegte sich auf den ausgetrockneten Straßen Griechenlands in Richtung mazedonische Grenze. Eigentlich würde die Fahrt nur fünf Stunden dauern, aber die Busse mußten viele Umwege nehmen, um nicht in die Polizeikontrollen zu geraten. Viele Busse waren nicht legal angemeldet und manche Busfahrer hatten vermutlich auch keine Lizenz. So mussten wir schon bei Lamia einen großen Umweg machen. Die Strecke vor Thessaloniki war wunderschön, man konnte auf das offene Meer sehen und die Sonne zauberte ein Licht-Schattenspiel auf die schönen Häuser und die grünen Palmen. Leider blieb unser Bus nirgendwo länger stehen, er hielt nur für kurze Pausen an. Nach der Großstadt Thessaloniki folgten wir einer Landstraße, die in sanften Kurven durch die hügelige Balkanlandschaft Richtung Norden führte. Dort, wo die Silhouette der Berge im Dunst des Horizonts verschwamm, war unser heutiges Etappenziel.

Ich versuchte ein bisschen zu schlafen und lehnte mich ans Fenster. Hamude holte sein Handy heraus und suchte irgendetwas in Google-Maps. In Griechenland hatte er noch Internet-Empfang, danach jedoch würde er nur mehr in den Camps oder wer weiß wo Verbindung zum Internet bekommen.
Ich war froh, jetzt an Hamudes Seite sein zu können. Mein Begleiter war ein begnadeter Handy- und Internetanwender. Geschickt suchte er nach Informationen über Reisewege, Fahrkarten usw. Von den News bis zum Wetterbericht, er kannte sich bestens aus und war diesbezüglich eine wahre Koryphäe. Leider war sein Handy für mich tabu, schon in den ersten Stunden unserer gemeinsamen Reise sagte er mir dies sehr klar: „Das Handy ist für uns lebensnotwendig, ohne es kommen wir nicht ans Ziel. Wenn wir es verlieren oder es kaputt geht, sind wir aufgeschmissen. Also lass die Hände davon, es ist nicht zum Spielen gedacht. Außerdem müssen wir Akku sparen, da wir nie wissen, wann wir das nächste Mal laden können. Neckend sagte ich zu ihm: „Akku sparen."
Die Strecke von Thessaloniki nach Idomeni betrug laut Karte circa 100 Kilometer, aber auch auf diesem Abschnitt mussten wir noch einige Umwege fahren. So wurden aus insgesamt fünf, schnell einmal neun, oder zehn Stunden. Als die Sonne unterging, wurde es etwas kühler im Bus und ich zog meine Jacke an.
Unsere Essensvorräte, die nur aus wenigen Orangenspalten und ein paar Datteln bestanden hatten, waren längst aufgebraucht.
Der Wasservorrat war leer und so blieb uns nur eines übrig und zwar warten, warten, warten.

Um acht Uhr abends schließlich kamen wir in die Nähe der griechisch-mazedonischen Grenze. Noch tagsüber schien es so, dass wir vor der griechischen Polizei fliehen und beschwerliche weite Umwege auf uns nehmen mussten, um nicht in ihre aufgestellten Straßensperren und Kontrollen zu geraten. Jetzt aber, nahe der Grenze, standen ganze Trupps von Polizisten auf den Straßen. Es gab Dinge, die ich nicht verstand und Hamude meinte, vielleicht wären es andere Polizisten, Grenzpolizisten oder so etwas Ähnliches. Diese jedenfalls ließen uns weiterfahren. Ja, sie gaben uns sogar Anweisungen, wie wir weiterzufahren hatten. „Man muss im Leben nicht immer alles verstehen", dachte ich mir.

Idomeni, ein Camp, das keines war

Roze

Das inoffizielle Camp im griechischen Grenzort Idomeni war für heute Endstation. Idomeni hatte nur 154 Einwohner, dennoch stand das kleine Dorf an der griechisch-mazedonischen Grenze im Blickpunkt der Presse. Täglich passierten hier tausende Flüchtlinge den Ort, dem deshalb auch schon bald der Kollaps drohte. Für uns Flüchtlinge, die es bis hierher geschafft hatten, war das Überschreiten der Grenze ein entscheidender Schritt, um ins gelobte Europa zu gelangen.

Zunächst aber stand uns noch eine Nacht auf offener Straße bevor. Unterkünfte gab es keine und wir hätten sie uns auch gar nicht leisten können. An der kleinen Tankstelle, in der Mitte des Ortes, versorgten wir uns mit dem Notwendigsten.

Die Preise hier waren human und so kauften wir Wasser, Joghurt und einen herrlichen griechischen Bananenkuchen. Jedes Stück kostete einen US-Dollar.

Nach dem köstlichen Abendessen machten wir uns auf die Suche nach einem passenden Nachtlager.

Langsam verschwand die Sonne hinter den Bäumen und die Nacht kündigte sich an. Die Landschaft hier in dem kleinen Ort wirkte gespenstisch. Überall auf den Straßen sahen wir kleine Gruppen von Flüchtlingen am Boden sitzen. Alle paar Meter brannte irgendwo ein Häufchen Müll und der Geruch des brennenden Feuers erinnerte mich an die letzte Zeit vor der Flucht in Ashrafiyye. Zu Hause bei meinen Großeltern roch es auch oftmals so beißend und scharf, als wir kein Heizmaterial mehr hatten und einfach alles, was wir sammelten, am Abend in den Ofen steckten. Öffentliche Toiletten gab es hier in Idomeni keine und wenn man die Notdurft verrichten musste, dann blieb einem nichts anderes übrig, als irgendwo weiter hinauszugehen, hinter Bäume, hinter Gräben oder Büsche. Aber auch hinter den Bäumen war schon alles benutzt und verschmutzt und bei jedem Schritt musste man aufpassen, wohin man trat. Ein Stückchen ging Hamude mit mir, aber dann musste ich noch alleine etwas weiter gehen, bis ich endlich einen Platz fand, wo ich, ohne in etwas hineinzutreten, meine Notdurft verrichten konnte. Dabei versuchte ich mir die ganze Zeit die Nase zuzuhalten, damit mir nicht übel wurde. Ich dachte vor allem an eines: „Ich habe nur eine Hose und nur ein paar Schuhe."

Hinter einem verfallenen Haus lagen einige Holzpaletten in der Wiese. Alte Decken und Plastikplanen lagen kreuz und quer darüber. Ob der Besitzer etwas dagegen hätte, wenn wir diese für unser Nachtlager benutzten, konnten wir nur herausfinden, indem wir es einfach riskierten. Wir schlichen uns zu den Holzpaletten. Ich war müde und wollte einfach nur noch schlafen. Nichts als schlafen, alles vergessen können, was hinter mir lag und nur nicht daran denken, was noch auf uns zukommen mochte. Und so nahm ich dankend den Schlafplatz auf den Paletten an und verkroch mich unter einer Plane.

Das Bellen einiger Hunde hallte durch die Nacht, ich fürchtete mich nicht nur vor den Hunden, sondern auch vor den dunklen Gestalten, die bei ihren Müllöfen saßen und die Köpfe unter ihren Kapuzen versteckt hielten. Es war schon dunkel, der Schein der Lagerfeuer drang nur spärlich zu uns durch. Wir mussten vorsichtig und leise sein. Während die Hunde noch immer bedrohlich weiterbellten, schlüpfte auch Hamude unter die Planen und wir hofften, nicht entdeckt zu werden. Der Schlaf hatte mich schon übermannt, noch bevor ich die kalten, harten Holzplanken in meinen Knochen spüren konnte.

Noch vor Sonnenaufgang wachte ich auf. Ich kroch aus meinem Versteck und spürte die Feuchtigkeit, die sich während der Nacht auf unser Lager niedergelegt hatte. Unangenehm fühlte sich meine Haut an und ich hatte ein permanentes Jucken unter meinem Pullover. An eine Dusche war wohl nicht zu denken, aber ich wäre schon zufrieden wenn es eine saubere Toilette gäbe. Ich musste mal dringend, aber dachte mit Grauen daran, mich wieder dorthin zu begeben, wo schon unzählige Flüchtlinge vor mir ihre Notdurft verrichtet hatten. Schnell entschlossen, noch bevor irgendjemand zu sehen war, hockte ich mich neben unserem Schlaflager ins Gras.

Hamude rekelte sich und stand dann gleich schnell auf den Beinen wie ich zuvor. „Guten Morgen", murmelte er. Dann drehte er sich einfach um und pinkelte neben mir in die Wiese. Ich finde es unfair, denn was das betrifft, sehe ich uns Frauen da echt im Nachteil. Ein bisschen irritiert über meine jetzt so unwichtigen Gedanken runzelte ich meine Stirn. Die Welt ist ungerecht. Aber ich bin doch noch ein Kind und wie sollte ich mich da in dieser so komplizierten und oft so ungerechten Welt zurechtfinden?

Hamude erklärte mir, dass wir heute ein großes Stück zu Fuß gehen müssten, während er unser Gepäck unter den taunassen Planen hervorzog. Die mazedonische Grenze lag knapp zwanzig Kilometer vor uns und wir mussten weiter auf der Fluchtroute entlang bis zu den Zelten des Grenzüberganges gehen.

Einige Taxifahrer boten uns an, mit ihnen zu fahren, doch die überhöhten Preise waren für uns leider nicht leistbar. So folgten wir zu Fuß weiter der Flüchtlingsroute, die uns eine Weile direkt entlang eines Bahngleises führte. Auf und neben den Schienen, auf denen früher die Züge zwischen Mazedonien und Griechenland gefahren waren, standen hunderte kleine Zelte. Dazwischen brannten Lagerfeuer, an denen sich die Menschen ihre Hände wärmten. Es roch noch immer beißend und süßlich nach Rauch und Verbranntem. Überall auf dem Boden lagen Flaschen, Plastiksäcke und alte Kleidung, der einzige Müllcontainer, den ich sehen konnte, war so voll, dass der Müll überquoll. Wie über eine unendlich lange Mülldeponie bahnten wir uns sozusagen einen Weg in Richtung Grenze.

Zu essen gab es vorerst nichts, denn Hamude sagte: „Wir gehen nicht zurück!“ Nach ein paar Minuten murmelte er wieder vor sich hin: „Wir gehen nicht zurück, es gibt keinen Weg zurück!“

Die kleine Tankstelle von Idomeni verschwand schön langsam aus meinen Augen, während wir uns Schritt für Schritt der Grenze näherten. Jeder Schritt tat weh. Die Schuhe, die ich in Athen bekommen hatte, waren hübsch, aber nicht gerade geeignet für so einen langen Fußmarsch.

„Wir sind auf dem Weg nach Deutschland!“, rief eine Gruppe Männer, die uns mit schnellen Schritten überholte.

Zwei Busse hielten knapp vor uns und in wenigen Minuten standen wir in einer Reihe mit weiteren hundert oder zweihundert Flüchtlingen. Immer enger wurde unser Weg und eine endlos scheinende Menschenschlange bildete sich und bewegte sich in Richtung Grenze, tausende unterschiedliche Menschen, doch alle mit demselben Ziel: die Sehnsucht nach Freiheit, Frieden und Zukunft Wirklichkeit werden zu lassen.

Einige große, weiße Zelte des UN-Flüchtlingshilfswerks UNHCR waren an der Grenze für uns Flüchtlinge aufgebaut worden und vor diesen Zelten mussten wir nun warten.

Tausende Neuankömmlinge jeden Tag, tausende Durchreisende,

wir waren nur zwei von ihnen. Wir warteten eine ganze Nacht. Griechische Polizisten in ihren Respekt einflößenden Uniformen riefen uns auf Englisch zu: „Einer nach dem anderen, kommt ins Zelt, damit wir eure Papiere kontrollieren können." Die Kontrollen dauerten ewig. Wir standen stundenlang aufgereiht hintereinander und keiner durfte seinen Platz verlassen. Ein Polizist mit blauen OP-Handschuhen und Gesichtsmaske kontrollierte die Papiere, die im Camp von Athen von den Behörden für uns ausgestellt worden waren.
Jeder Flüchtling bekam eine Nummer zugewiesen und danach mussten wir, einer nach dem anderen, geordnet durch eine Grenzschleuse gehen.

Das Tor nach Europa

Roze

In Intervallen von zwanzig Minuten öffnete das Militär für einige Minuten die griechisch-mazedonische Grenze und bis zu hundert Menschen wurden durchgelassen. „Jedes Mal, wenn ein Bus in Idomeni ankommt, dürfen auch nur so viele Personen Richtung Grenze weitergehen, wie zu dem Zeitpunkt über die Grenze gelassen werden. An manchen Tagen beträgt der Rückstau bis zu 3000 Personen", berichtete der Mitarbeiter einer Hilfsorganisation, der neben einem Container Wasserflaschen verteilte.

Mein Durst war in der Zwischenzeit so groß geworden, dass meine Zunge am Gaumen klebte und ich bemerkte, wie mir langsam schwindlig wurde. Dankend nahm ich das Wasser entgegen und trank hastig aus der weiß-blauen Plastikflasche. Eine Pause wurde uns nicht zugestanden. Wir wurden gleich zum Weitergehen getrieben. So viele Eindrücke erfasste mein Auge, ich wusste gar nicht, wohin ich schauen sollte. Ein Auge allerdings war immer auf meinen Cousin gerichtet. Ihn zu verlieren, das wollte ich mir gar nicht ausdenken. Wir hatten vereinbart, dass ich dort stehen bleiben sollte, wo wir das letzte Mal zusammen waren, falls wir irgendwo einmal getrennt würden. Ich hatte zwar meine Telefonnummern, die ich natürlich auch alle auswendig lernen musste, aber keiner von uns wollte riskieren, dass wir uns aus den Augen verloren. Vor allem hier, wo so viele Menschen auf engstem Raum herumstanden, war es für uns besonders schwierig. Bemüht, Hamude nicht zu verlieren, heftete ich mich wieder an seine Fersen, während meine neugierigen Blicke hin- und herschweiften.

Hinter einem Zaun hing ein Banner. „Wir sind keine Terroristen", stand auf dem Transparent. „Lasst uns gehen!" Irgendwo las ich ein Schild mit dem Text „Save the Children". Am Grenzzaun hingen T-Shirts mit den Aufschriften „Hunger, Wasser, Help". Vor uns stand eine Reihe mazedonischer Polizisten mit Schildern und Schlagstöcken bewaffnet. Sie blickten mit bedrohlichen Mienen auf die versammelte Menschenmenge. „Jederzeit kampfbereit", kam mir in den Sinn und unwillkürlich zog ich meine Schultern hoch und versuchte, ihnen in weitem Bogen auszuweichen.

Wir hofften, es noch bis nach Gergelija, der Grenzstadt von Mazedonien, zu schaffen, aber in dieser unüberschaubaren Masse konnten wir kein System erkennen, wie wir weiterkommen sollten. So war für diesen Tag Endstation. In dem bewachten Areal des Grenzgebietes befanden sich mehrere Bahngleise und auch einige Busse standen in einem abgegrenzten Bereich, den wir nicht betreten durften. Menschenmassen drängten aneinander und wir hatten keinen freien Blick nach vorne. Es verging einige Zeit, bis wir erfuhren, dass in einem der Zelte eine Essensausgabe vorbereitet war. Hungrig stellten wir uns an, ohne vorerst zu sehen, was es dort für uns gab. Es dauerte zwei

Stunden, bis wir direkt im Zelt vor der Essensausgabe standen. Wir mussten uns mit einem Eintopf zufrieden geben, der etwas angebrannt schmeckte. Aber Wasser gab es dafür genügend und ich erhaschte auch eine Reserveflasche, die ich sofort in meiner Tasche verstaute, weil ich sie für den nächsten Tag aufbewahren wollte. Ein paar Container mit Toiletten hatten wir hier gefunden. Das war einerseits beruhigend, aber andererseits wusste ich auch, dass ich nicht unbedingt hinein wollte. Wir entfernten uns aus dieser Geruchsecke und versuchten einen geeigneten Schlafplatz zu finden. Ich war sehr müde von dem ungewohnt langen Fußmarsch. Meine Fersenballen brannten wie Feuer und an den Füßen kündigten sich einige Blasen an. Mit meinen schmerzenden Beinen war ich nicht bereit noch länger herumzugehen. Wir legten uns einfach in die ausgetrocknete Wiese, die neben dem Eingang eines Busareals schon von vielen anderen als Schlafstelle ausgewählt worden war, auch deshalb, weil wir hofften, am nächsten Tag einen guten Platz für den nächsten Reiseabschnitt zu bekommen. Hamude sagte: „Wir müssen mitbekommen, wenn sich die Menschenmasse weiterbewegt. Daher dürfen wir nicht zu weit weggehen.“ Ich nickte ihm zustimmend zu, dachte dabei aber eher an meine Füße.
Ich legte mich auf die harte Erde und konnte mich anfangs nicht entscheiden, ob ich meine Jacke als Unterlage benutzen, oder ob ich sie besser anziehen sollte. Ich entschied mich schließlich für das Anziehen. Noch während mich meine brennenden Füße marterten, fielen mir die Augen zu und es wurde Nacht.

Mein Traum

Roze

In meinem Traum war alles um mich herum sehr dunkel. Ich stand vor einem tiefen Abgrund. Das andere Ufer war nur ein

paar Meter von mir entfernt. Tief unter mir tobte das brausende Meer. Der Wind blies so heftig, dass ich meine Beine fest in den Boden verankern musste, um vom Wind nicht mitgerissen zu werden. Hinter mir heulten einige Hunde und das Echo des Heulens hallte unaufhörlich weiter durch die dunkle Nacht, die alles in ihrem tiefen Schwarz verschluckte. Ich war wie versteinert und konnte meine Arme nicht mehr bewegen. Meine Füße stemmten sich wie Pfeiler in die kalte Erde und bohrten sich weiter in den steinigen Untergrund. Mit einer Welle kam das gegenüberliegende Ufer immer wieder für ein paar Sekunden auf mich zu, um dann mit der nächsten Welle wieder zurückzuweichen. Ich versuchte den passenden Moment zu finden, um auf das andere Ufer zu springen, doch meine Beine hielten mich fest. Der Wind rüttelte unaufhörlich an mir. Ich spürte, dass ich mich jetzt gleich entscheiden müsste, entweder hier an diesem Abhang stecken zu bleiben oder den Halt meiner Füße zu lösen, um im richtigen Moment über den Abgrund zu springen. Ich nahm all meine Kraft zusammen und schwang mich sozusagen aus meinem versteinerten Körper heraus, wartete dann einige Sekunden auf die Welle, mit der sich das ersehnte Ufer wieder auf mich zubewegte und sprang.
Im selben Moment wachte ich auf. Jemand schüttelte mich und ich glaubte Vaters Stimme zu hören, der mir zurief: „Roze, wach auf.“ Aber es war nicht mein Vater, es war Hamudes Hand, die mich rüttelte.

Es war noch immer dunkel und die Sterne über mir funkelten so, als wüssten sie nichts von dieser Welt. „Da oben scheint alles in Ordnung zu sein, aber die Welt hier bei uns ist wie ein gefährliches Pulverfass“. Schützend zog ich meine Jacke etwas höher und drehte mich nochmals auf die Seite.
Im Halbschlaf wartete ich auf das Morgengrauen oder auf das Grauen am Morgen.

Gevgelje - Mazedonien

Roze

Schon beim ersten Morgenlicht, welches zaghaft durch die trübe Wolkendecke fiel, wollten wir uns wieder auf den Weg machen. Es war noch etwas kalt, doch wir mussten weiter, weiter zur nächsten Station. Die Busse, die uns gestern Abend Hoffnung gemacht hatten, standen immer noch unverändert in dem abgesperrten Areal. Als wir merkten, dass sich der Menschenstrom wieder in Bewegung setzte, schlossen wir uns ihm an. Tags zuvor waren wir erst spät abends über die Grenze gekommen, aber wir befanden uns noch immer im Grenzgebiet zwischen Griechenland und Mazedonien.

Einige Polizisten schritten zu den noch Schlafenden und wiesen alle an, weiterzugehen. Getrieben wie eine Viehherde, machten wir uns zur Weiterreise bereit. Noch ehe wir auf den Gehweg kamen, stiegen wir über Berge von Plastikflaschen und liegengelassenen Ballast. Auch wir ließen unsere leeren Wasserflaschen zurück. Wo hätten wir sie auch schon hingeben können, Mülleimer fanden wir keine.

Eine Gruppe Männer, die vor uns stand, blockierte den Weg. Erschrocken sah ich, wie einer von ihnen schrie, tobte und wild um sich schlug. Einige Männer aus dieser Gruppe versuchten ihn festzuhalten, konnten ihn aber nicht bändigen. Das Gerangel dauerte nicht lange, dann traten zwei Polizisten dazwischen und trieben die Männer mit ihren Stöcken auseinander. Zwei davon fielen zu Boden und ich sah, wie ihnen das Blut aus Nase und Mund schoss. Schnell wandte ich mich ab, das wollte ich nicht sehen. Ich spürte die gereizte Stimmung. Die Menschen waren ungeduldig, nervös und aggressiv. Mein Kopf brummte, es war einfach noch zu früh für mich. Ich war noch nie eine

Frühaufsteherin gewesen. Ohne Frühstück und ohne mir das Gesicht zu waschen konnte der Morgen für mich nicht gut gelingen. Ich war daher mit mir selbst nicht zufrieden.

Keiner hatte geahnt, dass wir auch heute noch einen langen Fußmarsch vor uns hatten und meine Füße waren von der gestrigen Etappe noch immer angeschwollen und empfindlich.
Ich fügte mich jedoch meinem Schicksal und ging weiter ohne zu jammern. Als Hamude und ich endlich die Umzäunung hinter uns gelassen hatten und auch die Polizisten am Wegrand immer spärlicher wurden, setzten wir uns für eine Weile zum Ausrasten ins verdorrte Gras. Zusammen beobachteten wir neugierig die Vorbeigehenden. Jetzt erst fiel uns auf, wie unendlich lange diese Menschenschlange war, die sich vom Grenzzaun zur mazedonischen Seite hin wälzte.

Freudige Begegnung

Roze

Hinter einer Gruppe von jungen Männern sah ich plötzlich ein vertrautes Gesicht. „Anoschka, ja, Anoschka", schrie ich. Ich hüpfte auf und sprang wie wild einige Meter nach vorne, um besser sehen zu können. „Ja, das ist Anoschka und ihr Mann", rief ich laut. Wir lernten sie in Istanbul kennen, als wir gemeinsam auf den Bus warteten, der uns nach Izmir brachte. Die Familie war mit uns zusammen im Schlauchboot und im Rettungsboot gewesen. Im Athener Camp hatten wir sie dann leider aus unseren Augen verloren. „Anoschka!", rief ich. Ich wollte sie nicht wieder verlieren. Dass wir uns wieder begegneten, war für mich ein Geschenk des Himmels. Anoschka und Saradaschdi, ihr Mann, kamen immer näher und ich konnte auch Raschid, den kleinen Sohn, erkennen, der tapfer versuchte, mit ihnen Schritt zu halten. Das Baby trug Papa Saradaschdi, eingewickelt in ein buntes Tuch vor seinem Bauch. Auf seinem Rücken schleppte er einen übergroßen Rucksack. Ich glaubte, das Baby hieß Lorin, aber ganz sicher war ich mir nicht mehr. Ich schrie und winkte voller Freude kräftig und lief wie besessen auf sie zu. „Anoschka", rief ich, „Anoschka!" Freudig fielen wir uns in die Arme. Das Wiedersehen war wunderbar und vergessen war für einige Zeit unsere beschwerliche Reise.

„Jetzt sind wir nicht mehr alleine, wir sind wieder wie eine Familie", dachte ich mir. Ich war glücklich, so glücklich sie wieder zu sehen.

Das erste Mal trafen wir die Familie bei der „Yen Cami", der „Neuen Moschee" in Istanbul. Mama, Pola und Jan, die alle mitgekommen waren, um mich dort zu verabschieden, warteten mit Hamude und mir auf die Ankunft des Busses, der uns dann später zur Bootsüberfahrt an die Küste bringen sollte.

Wir saßen eine Weile zusammen im Park vor der Moschee. Mama und Anoschka kannten sich damals noch nicht, aber bei uns in Aleppo kennt man immer irgendwen, der wiederum irgendjemanden kennt. Und so war es auch bei Anoschka und Mama. Wir waren sogar weitschichtig verwandt, stellten die beiden erfreut fest. Meine Mama war beruhigt, jetzt wusste sie mich in doppelt guter Begleitung und die beiden Frauen versicherten einander, in Kontakt zu bleiben.

So verstrichen die ersten Stunden des neuen Tages mit der Freude über unser Wiedersehen. Gemeinsam machten wir uns nach einer kurzen Rast wieder auf den Weg. Raschid zeigte keine Müdigkeit und stapfte unbeschwert mit seinen kleinen Schritten in den Fußstapfen der Erwachsenen, die vor uns gingen.

Bald waren unsere Wasservorräte aufgebraucht und die ersten Erschöpfungsanzeichen zeigten sich. Das Baby weinte unentwegt, weil es hungrig oder durstig war. Raschid zappelte, er klagte, ihm sei ein Stein in die Sandale geschlüpft. Über eine ungeplante Pause

war ich ebenso froh, damit sich meine heißen Füße etwas ausrasten konnten. Trotz des Schattens, den wir uns unter einem kargen Strauch teilten, brannte die Sonne mittags so heftig auf uns herab, als wollte sie die letzten Tropfen Wasser aus uns heraussaugen. Auch unsere Essensvorräte waren längst schon aufgebraucht. Hier gab es nirgendwo einen Markt, keine Tankstelle, kein Camp, kein Zelt, nicht einmal ein Haus, wo wir hoffen konnten, einen Brunnen zu finden. Sechs Kilometer weit sollte es noch bis zum Camp in Gevgelja sein. Verzweifelt blickte ich auf meine Füße und fragte mich, ob wir das heute noch schaffen würden. Sie fühlten sich an, als würde ich über glühende Kohlen gehen. Was war es, das mir die Kraft gab, weiterzugehen und den Schmerz auszuhalten? War es die Hoffnung auf ein besseres Leben? War es die Sehnsucht, meinen geliebten Vater möglichst bald in die Arme schließen zu können, oder war es auch etwas Stolz, dass ich nach meinem Vater das nächste Familienmitglied war, dem man die Bewältigung der beschwerlichen Flucht am ehesten zutraute?
Ich fand darauf keine Antwort. Ich wusste nur, dass ich mit der Menschenmenge, die sich wie Lava die Straße entlangwälzte, mithalten musste. Saradaschdi nahm Raschid auf die Schulter und ich gab Anoschka, die jetzt das Baby bei sich trug, meine Hand. Obwohl mir nicht zum Singen zumute war, begann ich für Raschid folgendes Lied zu trällern.

Mama finger, Mama finger, where are you?
Here I am, here I am. How do you do?
Baby finger, Baby finger, where are you?
Here I am, here I am. How do you do?

Ein Hilfskonvoi rettete uns entlang des Weges förmlich vor dem Verdursten. Eine Mannschaft, in blaue Jacken gekleidet, verteilte an alle Vorbeiziehenden Wasser und Bananen.
Ich konnte mich nicht mehr beherrschen und leerte meine

Wasserflasche fast in einem Zug. Mit den letzten Tropfen versuchte ich mir, das Gesicht zu waschen, das wiederum löste bei meiner neuen Familie ein belustigendes Gelächter aus. Eine weiße Spur zog sich nun über mein verstaubtes Gesicht.
Hungrig, durstig, müde und ausgelaugt vom langen Gehen erreichten wir noch vor Einbruch der Dämmerung die Zelte in Mazedonien. In dem riesigen Camp standen Zelt neben Zelt, alle dicht nebeneinander. Die Wege dazwischen waren steinig und verstaubt, kein bisschen Gras hätte diesen Massen standhalten können. So viele Menschen hatte ich noch nie auf so engem Raum zusammen gesehen. Militärpolizisten, die bewaffnet im Camp für Ordnung sorgten, teilten ankommenden Familien und Gruppen ihre Schlafplätze zu. Anoschka hielt ihr Baby hoch und zog Raschid dichter an sich. „Familie", rief sie, „Familie, Baby, Baby." Einer aus dem Ordnungsdienst wies ihr einen Eingang zu einem kleineren Zelt zu und sagte: „Familie hier", wobei er mit der Hand auf ein Zelt deutete, das ein wenig abseits des großen Trubels lag. „Das ist meine Chance", dachte ich mir und streckte dann sogleich auch meine Hände in die Höhe, während ich zu ihr hin eilte. „Familie, Familie, ich, ich, Familie", rief ich aufgeregt. Ich wollte nicht von ihnen getrennt werden und von da an versuchten wir immer zusammenzubleiben. Im Zelt standen etwa hundert dicht nebeneinander aufgereihte Feldbetten. Eine kleine Spielecke war mit alten Teppichen ausgelegt und einige Kinder tobten lachend im Zelt umher. Wir suchten uns ein Plätzchen in einer Ecke und legten unsere paar Habseligkeiten auf die Betten. Decken gab es nur in den Familienzelten und das auch nur für Frauen und Kinder.

„Mindestens 5000 Flüchtlinge sollen hier in diesem Lager sein", erzählte Hamude, der gerade von einem Inspektions-Sparziergang zurückgekommen war. Hamude war auch froh, dass wir die Familie wieder getroffen hatten. Jetzt musste er zumindest nicht mehr jeden Schritt mit mir teilen und konnte mich beruhigt ein wenig allein oder unter anderer Aufsicht lassen. Hamude versuchte bei seinem Rundgang irgendwo in einem Eck des Camps Zugang zum Internet zu bekommen. „Leider erfolglos“, seufzte er. „Aber kommt, ich habe die Essensausgabe gefunden, ich denke es ist ein guter Zeitpunkt, um sich jetzt anzustellen“, rief er uns zu.

Sobald wir uns von den Strapazen ein wenig erholt hatten, war eine Weiterfahrt nach Skopje geplant. Am Nachmittag, als wir gerade dabei waren zu ermitteln, wie die Reise für uns weiter gehen sollte, beobachteten wir einen Zug, der auf einen Bahnsteig einfuhr. Wie wild stürzten sich die Reisenden auf diesen Zug und an so mancher Waggontüre kam es zu Schlägereien. Einige kletterten frech über die Fenster in die Waggons, es schien mir, als ob jeder nicht nur um einen Platz, sondern um sein Leben kämpfen würde. „Mit dem Zug zu fahren ist zu riskant“, meinte Papa Saradaschdi. Das Gedränge beim Einsteigen in die Züge kam für Familien mit kleinen Kindern nicht in Frage, es war schlichtweg zu gefährlich.
Wir beschlossen mit dem Bus weiterzufahren.
Bustickets zu besorgen war aber ebenso eine große Herausforderung. Saradaschdi und Hamude erledigten das für uns. Wir versorgten beide mit Wasser und Essen, denn wer einmal in einer Schlange stand, wollte diese nicht mehr verlassen. Einen halben Tag mussten sie für uns ausharren und unsere Tickets wurden für den nächsten Tag ausgestellt.

Immer wieder sprachen uns Fremde an und boten uns einen privaten Bus oder ein Taxi an. Diese Gespräche fädelten sie geschickt ein, denn es machte zuerst den Anschein, dass sie uns helfen wollten, bis sich dann doch herausstellte, dass die Geldsumme, die wir dafür bezahlen sollten, eine unerschwingliche war. Eine weitere Nacht, in der wir unsere Betten noch etwas näher zusammenrückten, folgte. Wir sahen bei anderen Familien, wie sie ihre

Schlafdecken ausbreiteten und sich gemeinsam wie unter einer großen Glocke zusammenkauerten. Es war etwas wärmer in dieser Nacht. Oder war es nur etwas vertrauter?

Ich reckte mich verschlafen aus dem Bett und fühlte förmlich, dass ich fürchterlich aussehen musste. Meine Haare hatte ich seit Tagen weder gewaschen noch gekämmt. Das Wasser war zu kostspielig, um sich damit zu waschen und meine Kleidung sah aus, als hätte ich sie soeben aus der Mülltonne gezogen. Wenn meine Mama mich jetzt so sehen würde, dann würde sie wahrscheinlich vor lauter Schock umkippen. Mit einem verzweifelten Lächeln auf meinen Lippen schickte ich ihr in Gedanken einen Guten-Morgen-Gruß.

Früh am Morgen mussten wir aufstehen, da wir vor unserem Aufbruch noch zur Frühstücksausgabe gehen wollten. Dort bekamen wir warmen Tee und Brote, wenigstens so viel, dass ich mich fast satt essen konnte. Anoschka packte für die Familie noch ein paar Fladen ein, die man ihr als Mutter zusteckte, danach machten wir uns wieder auf den Weg. Die Station lag am anderen Ende der Stadt und ich fragte mich, warum der Bus nicht hier abfahren konnte, hier in der Nähe des Camps. Der Fußweg zur Busstation kostete uns über eine Stunde Zeit und Kraft.

Unser Bus war bunt gefüllt mit Menschen, aus Syrien, dem Irak, dem Iran sowie aus Afghanistan und Albanien. Eine Gruppe Menschen, die alle dasselbe Ziel hatten, weiter nach Norden zu gelangen, um der Freiheit und Sicherheit einen Schritt näher zu kommen. Die Kinder schliefen im Bus bald ein und auch ich nutzte die Gelegenheit und drehte meinen Kopf zur Fensterscheibe. Erschöpft machte ich die Augen zu und beobachtete das bunte Flackern, welches die vorbeiziehende Landschaft hinter meinen geschlossenen Augen erzeugte. Noch während ich mit einem Ohr versuchte, etwas aus den Gesprächen der Mitreisenden zu verstehen, war ich auch schon eingeschlafen.

Istanbul

Thulin

„Was ist mit meiner Tochter Roze? Wie geht es ihr?" Diese Fragen marterten ständig mein Gehirn. Ich rannte nervös im Zimmer auf und ab und konnte einfach keine Ruhe finden. Mir war heiß und Schweißperlen standen auf meiner Stirn. Ich war mir nicht sicher, ob die Entscheidung, unsere Tochter Roze ohne uns auf die Reise zu schicken, richtig war. Es war alles so schnell gegangen, mir blieb auch keine Zeit zu überlegen. Idris rief mich an und erklärte mir, dass wir nicht länger warten sollten. „Bitte beeilt euch", flehte er am Telefon verzweifelt.

Das Handy ist die einzige Kommunikationsmöglichkeit, die wir hatten. Und wir telefonierten täglich. Gut, dass es übers Internet so gut funktionierte und kostenlos war. Fast zehn Monate war es schon her, seit Idris aufgebrochen war, um nach Österreich zu fliehen. Sobald sein Asylverfahren positiv abgeschlossen sein würde, sollten wir nachkommen, vielleicht mit dem Flugzeug oder mit dem Zug, jedenfalls ganz legal, mit Fahrkarten und Visum und einem originalen Pass.

Ja, meine Welt hatte vor ein paar Jahren noch anders ausgesehen. Syrien war für uns ein schönes Zuhause. Wir waren eine Familie und lebten glücklich in unserer Stadt Aleppo. Unsere beiden Mädchen, Pola und Roze, lernten fleißig in der Schule und während Jan, unser Jüngster, noch bei mir zu Hause war, ging Idris zur Arbeit in die Schneiderei.

Unruhen hat es in Syrien schon immer gegeben, aber seit dem Arabischen Frühling rückten Krieg und Terror immer näher. Wir lebten zufrieden, bis die Bomben fielen und die Stadt systematisch zerstört wurde. Wir mussten vor den schrecklichen Anschlägen fliehen, wenn wir nicht sterben wollten. Aus Angst um das Leben unserer Kinder verließen wir unsere Heimat. Zuerst zogen wir in einen anderen Bezirk von Aleppo. Aber auch

dorthin drang der Krieg vor. Er war uns immer auf den Fersen. Und so flüchteten wir von einem Ort zum anderen, von der Stadt bis hinaus aufs Land.
Nach dem schweren Unfall von Roze beschlossen wir vorerst in die Türkei zu gehen, zumindest solange, bis wir wieder in unsere Heimat zurück könnten.
Mit einem tiefen Seufzer schaute ich auf das Display meines Handys. Nichts, noch immer keine Nachricht von Roze.

„Wir sind in Athen angekommen,
haben unsere Papiere und reisen morgen weiter“,

war ihre letzte Nachricht, die sie mir vor ein paar Tagen geschrieben hatte. Seitdem hatte ich nichts mehr von ihnen gehört. Mir schossen Tränen in die Augen und ich blickte immer wieder hilflos auf das Display. Ich war mit Jan in unserer kleinen Wohnung in Istanbul und zum Trost drückte ich ihn liebevoll an mich. Ich fühlte mich allein, hilflos und hatte Angst vor der Zukunft. Vor allem an Roze musste ich fortwährend denken. Obwohl sie schon stark war für ihr Alter, war sie trotzdem immer noch ein Kind. Welchen Strapazen und Gefahren sie jetzt wohl ausgesetzt war? Ich konnte es erahnen, getraute mich aber nicht weiterzudenken. Die Nachricht von den 71 Flüchtlingen, die von Schleppern in einen Kühlwagen gepfercht wurden und erstickt waren, hatte sich auch bis zu uns durchgesprochen. Ich würde kein Auge zutun können, bis ich sie in Sicherheit wusste. „Ich muss mich zusammenreißen“, ermahnte ich mich immer wieder.
Um mich abzulenken, ging ich in die Küche und stellte einen Topf Reis auf den Herd. Pola würde bald nach Hause kommen und dann sollte das Essen fertig sein. Sie ist sicher hungrig und müde nach ihrem Arbeitstag. Pola war sehr fleißig und für ihre 13 Jahre ein vernünftiges, fast schon erwachsenes Mädchen. Sie war mir eine große Unterstützung in der Zeit, in der ich alleine

für meine Kinder sorgen musste. Ganz alleine war ich natürlich nicht, denn nachdem Idris die Türkei verlassen hatte, bat ich meinen Bruder Waleed und meine Schwester Mariam bei mir zu wohnen. Wir teilten uns die Miete und ich kochte für alle. Ich schnitt das Gemüse klein und zwang mich, nicht mehr an die Zukunft zu denken.
Seit 2012 lebte ich mit meiner Familie nun schon in der Türkei. Die erste Wohnung, die wir gemietet hatten, war eine Kellerwohnung mit einem großen Zimmer und einem kleinen Bad. Aus den Fenstern konnte man nicht sehen, denn sie ragten gerade einen halben Meter über den Boden heraus. Bei lang anhaltendem Regen, der in der Türkei vor allem im Winter häufig vorkommt, waren die Wände und der Boden oft nass und feucht, und der Schimmel hatte sich heimlich und leise eingeschlichen. Das Schlimmste für mich aber waren die Mäuse, die sich immer wieder in unsere Kellerwohnung verirrten. Durch die vielen Ritzen des alten Holzbodens konnten wir die kleinen Biester nicht erwischen und in meiner Panik war ich dann oft auf einen Stuhl geflohen und habe laut geschrien. „Idris, bitte lass uns eine andere Wohnung suchen", bettelte ich.

Das Geld war knapp und die Wohnungen sehr teuer. Das kurdische Volk ist in der Türkei nicht besonders beliebt, daher stiegen für uns die Preise ins Uferlose. Nach unserem Umzug in eine mäusefreie Wohnung hatte ich beschlossen, auch arbeiten zu gehen. Für Pola und Roze gab es in der Türkei leider nicht die Möglichkeit, eine öffentliche Schule zu besuchen. Wir waren in dem Land nur geduldet und so hatten die Mädchen kein Recht auf Schulbildung. Ein paar Monate konnten wir den Unterricht finanzieren, sodass sie zumindest ein wenig Türkisch lernen konnten, aber auf Dauer war das nicht möglich. So beschlossen wir vorerst, dass Pola und Roze bei Jan zu Hause bleiben sollten, Idris und ich würden arbeiten gehen. Es war eine harte

Zeit für uns alle. Unsere Familien waren getrennt. Idris war in Österreich, meine Mutter und einige meiner Schwestern und Brüder lebten weiterhin im Kriegsgebiet. Mein Vater war schon von uns gegangen. Von unseren Freunden und Bekannten aus Syrien waren zwischenzeitlich auch viele gestorben. Der Krieg hatte uns auseinandergerissen und viele verletzt und getötet. Die ständigen Sorgen machten mich krank. Ich weinte viel in dieser Zeit, vor allem wenn ich abends müde ins Bett fiel. Die Last der Arbeit, die mich täglich zehn Stunden von meinen Kindern fernhielt, raubte mir den Schlaf und die Kraft.

Aber auch Jan ging es in dieser Zeit nicht gut. Pola und Roze machten das mit der Kinderbetreuung wirklich prima, aber Jan hörte auf zu essen und wurde von Woche zu Woche schmäler und blasser. Er aß nur mehr, wenn ich zu Hause war und ich ihn mit dem Löffel fütterte. Verzweifelt entwarfen wir einen neuen Familienplan. Jetzt gingen Pola und Roze arbeiten. Mein Chef hatte eingewilligt, dass beide Mädchen gemeinsam meine Arbeit übernehmen könnten, wenn sie fleißig wären und regelmäßig zur Arbeit kämen. In der Schneiderei, die von unserer Wohnung nur einen Häuserblock entfernt war, mussten die Mädchen von den Kleidungsstücken alle abstehenden Fäden abschneiden, die Etiketten einnähen sowie alles sorgsam in die dafür vorgesehenen Cellophan-Verpackungen verstauen.

Die Aufgaben, die ihnen übertragen wurden, waren nicht so schwer, dass sie diese nicht hätten bewältigen können, aber jeden Tag neun bis zehn Stunden zu arbeiten, war eine große Herausforderung für unsere Mädchen. Zahlungen für Miete, Strom und Leben waren so enorm hoch und unser erspartes Geld wurde immer weniger und weniger. Unsere Tage waren nicht nur perspektivlos, es wurde in der Türkei auch für uns Kurden von Monat zu Monat unsicherer. Damals hatte Idris das erste Mal davon gesprochen nach Europa zu gehen. Seine Schwester lebte seit einigen Jahren in Deutschland. Idris wollte aber nach

Österreich, weil es dort seiner Meinung nach nicht so oft regnet wie in Deutschland. Idris mochte keinen Regen, aber vor allem wollte er mit uns in einem Land leben, wo es keinen Krieg gab und unsere ethnische Herkunft im Zusammenleben keine Probleme bereiten würden.

Roze in Mazedonien

Roze

Spät in den Nachtstunden stiegen wir irgendwo zwischen Skopje und Kumarin aus dem Bus. Ganz unmittelbar in der Nähe, wo unser Bus hielt, fuhr ein Zug auf einem mit Menschen übersäten Bahnsteig ein. Verzweifelte Menschen rannten die letzten Meter quer über die Gleise dem Zug entgegen. Drei Männer, die während unserer Busfahrt ganz hinten gesessen waren, zerrten an ihren Gepäckstücken und drängten sich rücksichtslos aus dem Bus. Sie stiegen dabei auf unsere Füße. Ohne zu schauen, liefen sie auf den einfahrenden Zug zu. Die Bremsen des Zuges quietschten, die Flüchtlinge auf den Gleisen warfen den anderen im Zug ihre Taschen zu. Dann kletterten sie über die Zugfenster hinein. „Al-Hamdu lillah - Lob sei Gott“, hörte ich sie rufen.
Wir blieben auf der Straße, wo wir hofften, am nächsten Tag eine Möglichkeit zu finden, weiter an den mazedonisch-serbischen Grenzübergang Mirotovac zu kommen. Das bedeutete für uns, wieder eine Nacht im Freien zu verbringen.
Weder Toiletten noch eine Waschmöglichkeit waren zu finden. Der Hunger war unsagbar groß. Ein bisschen tröstete mich das Spielen mit Raschid, der schnell gelernt hatte, alles so hinzunehmen, wie es war. In diesem Durcheinander gab es keine Regeln und daher konnte uns keiner sagen, wie wir morgen die Grenze erreichen würden. „Mit dem Zug jedenfalls nicht“, bestätigte Saradaschdi.

Mit einem Paket Planen und anderen Folien kam Hamude um die Ecke. „Wahrscheinlich hat auch gestern jemand darunter geschlafen und sie am Morgen liegen gelassen", meinte er. Wir taten dasselbe. Ein bisschen Proviant hatte Hamude noch in der Nacht für uns organisiert, woher er ihn hatte, hatte ich nicht gefragt.
Es war unser Glück, dass wir nicht von der Stelle gewichen waren, denn so konnten wir schon am Morgen einen Bus ergattern, der uns weiter Richtung Norden brachte.

Weiter Richtung Serbien

Roze

Die nächste Etappe fuhren wir mit einem Bus, der übervoll war. Wir hatten Angst, zerquetscht zu werden. Nur Anoschka mit dem Baby konnte einen Sitzplatz ergattern. Raschid durfte bei einer fremden Frau auf dem Schoß sitzen. Ich musste leider stehen, aber ich murrte nicht, als ich erfuhr, dass der Fußweg zur serbischen Grenze noch einen ganzen Tagesmarsch lang wäre.
Der Bus brachte uns auf direktem Weg zum Bahnhof von Tabanovtse. Dort war es etwas ruhiger. Händler brachten auf Schubkarren Wasser und Vorräte in die Stadt. Wir waren dankbar für die Verpflegung, die wir zu einem halbwegs vernünftigen Preis kaufen konnten. Schrill und laut heulte die Pfeife einer einfahrenden Lokomotive. Ein Flüchtling steckte den Kopf aus dem verrosteten Waggonfenster. Auf seinem Kopf stand in großen Buchstaben „HELP". „Are we here?", rief er hinaus. „Ja", rief ein Polizist. „Los, alle aussteigen!" Grimmige Militärpolizisten räumten danach gleich wieder den Bahnhof. „Go, go!", brüllte einer in aggressivem Ton. Ein anderer schrie, „Yalla, yalla!", das ist Arabisch und heißt so viel wie „Los geht's!". Niemandem war es gestattet, am Bahnhof länger als fünfzehn Minuten zu verweilen. Auch wir mussten den Platz sofort verlassen.

Grenzstein Serbien

Roze

Die Mittagshitze brannte auf dem staubigen Asphalt. Hitze und Durst hatten mich schwach gemacht. Mein Gesicht war blass und mein Magen flau. „Ich bin müde“, stammelte ich und wischte mir mit dem Handrücken über meine Stirn. „Wir müssen weiter“, drängte Hamude. Zitternd biss ich meine Zähne zusammen, zumindest diejenigen, die ich noch hatte und schleppte mich die nächsten Schritte weiter. Dann begann sich vor mir plötzlich alles zu drehen. Ich sackte zu Boden. Als ich meine Augen wieder öffnete, sah ich in das freundliche Gesicht eines rot gekleideten Mannes, der sich über mich beugte. Der Rot-Kreuz-Sanitäter hielt mir einen Becher an die Lippen. Langsam nippte ich an dem Wasser. Es schmeckte süßlich. Zaghaft begann ich in kleinen Schlucken zu trinken, bis ich wieder fähig war aufzustehen. Es waren die Engel vom Roten Kreuz, die uns immer wieder auf unserer Flucht halfen. „Botschafter der Menschlichkeit“, wie sie Anoschka dankbar nannte. „Wie würde es uns ohne sie ergehen?“, fragte ich mich. Ich drehte mich noch einmal um und winkte ihnen dankbar zu. Gruppen von Familien und Männern gingen in gleichmäßigen Schritten an uns vorbei und wir reihten uns wieder in den Strom aus Menschen ein. Einen halben Kilometer hinter dem Bahnhof von Tabanovce lag Serbien. Wir hätten die geografische Grenze nicht erkannt, aber ein syrischer Mann kniete sich vor uns auf die Erde, legte seine Stirn auf den Boden, danach sprang er in die Höhe und rief: „Serbia, Serbia!“ Jetzt standen wir am Grenzstein zwischen den zwei Ländern Mazedonien und Serbien. Es war ein unglaublich gutes Gefühl.

Hier, wo alle Flüchtlinge die grüne Grenze überquerten, lagen auf den Feldern tonnenweise Müllberge und Decken. Der beschwerliche Ballast der Reisenden wurde überall einfach liegen gelassen. Kurz nach der Grenze wurden wir von einer jungen Frau angesprochen. „Mein Name ist Dafina“, sagte sie. „Steigt dort in die wartenden Busse ein, wir bringen euch ins Zentrum nach Presevo, ihr müsst euch dort registrieren lassen, bevor ihr weiterfährt.“ Sie nahm kein Geld für die Busfahrt, sie lächelte uns freundlich an und meinte: „Es kostet nichts.“

Presevo

Roze

Menschen, beladen mit Tüten und Decken, eilten durch die Straßen. Kinder liefen und tobten herum, nur an ihren schmutzigen Kleidern konnte man erkennen, dass sie von sehr weit hergekommen sein mussten.

In Presevo bekamen wir Essen, Kleider und Windeln für das Baby. Brot und Limonade wurden von Einsatzkräften verteilt. An diejenigen, die nur in dünnen T-Shirts und Shorts angekommen waren, wurden Jacken und Hosen ausgegeben. Ein Helfer verteilte Mützen, sie wurden ihm fast aus den Händen gerissen. Raschid erstand neue Schuhe, seine Sandalen musste Saradaschdi schon mit Schnüren zusammenbinden.

Einige WC-Container entdeckten wir hinter einem Zelt und sogar eine Waschgelegenheit mit einem offenen Wasserhahn. „Was gibt es Schöneres“, dachte ich mir. In einer kleinen Wechselstube wechselten wir für alle Fälle auch etwas Geld. Hamudes Handy-Akku war seit Tagen leer. Gegen ein paar Münzen konnte er ihn in einem Geschäft wieder aufladen.

Eine Zeitlang beobachteten wir das bunte Treiben im Zentrum und machten uns danach auf zu den Zelten. Wie überall waren diese zum Bersten voll und es blieb uns nichts anderes übrig, als die Nacht wieder im Freien zu verbringen. In Serbien war es verpflichtend notwendig, dass jeder Einreisende sich zuerst registrieren lässt. Nach der Durchsicht der Papiere bekam man eine Genehmigung

für eine Aufenthaltsdauer von 72 Stunden. Nur mit diesen Papieren durfte man weiterreisen.
Drei weitere Nächte verbrachten wir in dieser Stadt. Wir stellten uns stundenlang, nein, eigentlich tagelang vor einem riesigen großen Militärzelt in endlosen Reihen an. Die Registrierung, die nur tagsüber durchgeführt wurde, dauerte für tausend Menschen etwa fünf Stunden. Ein paar tausend Menschen warteten schon vor uns. Unsere beiden männlichen Begleiter standen drei Tage lang vor dem Zelt. Damit sie ihren Platz nicht verloren, mussten sie sogar in der Warteschlage schlafen.
„Jetzt, wo die Sonne scheint, ist alles gut", dachte ich mir. Aber wenn es dunkel war, war es besonders schlimm. Die Nächte waren kalt und dunstig. Der Boden war feucht und hart. Alle waren schon ein bisschen verkühlt. Jeder von uns hustete und keuchte.
Wir holten uns heißen Tee aus den Versorgungszelten und versuchten, die Zeit so gut wie möglich verstreichen zu lassen. Mit Raschid spielte ich fast den ganzen Tag das Spiel Kästchenhüpfen. Wir hatten es als Kinder schon immer vor Opas Haus gespielt. Mit einem Holzstäbchen zeichneten wir einige Kästchen in den lehmigen Boden. Danach musste man versuchen, mit einem Kieselstein in die Felder zu treffen, um dann ohne die Linien zu berühren immer ein Feld weiter zu springen. Raschid bettelte immer: „Roze, bitte singen." Ich warf mein Steinchen in die Felder, hüpfte und sang gleichzeitig für ihn:

Teddybär, Teddybär, dreh' dich um,
Teddybär, Teddybär, sei nicht dumm,
eins, zwei, drei, vier, fünf, sechs, sieben,
wo ist mein Teddybär geblieben?

In der letzten Nacht brachte Saradaschdi seine Frau und seine Kinder in eine kleine Pension. Er hatte ein Zimmer gemietet, damit sie sich zumindest eine Nacht ausschlafen konnten. Morgen sollte es mit dem Zug weitergehen. Anoschka meinte zu mir:

„Komm mit, du kannst bei uns schlafen". Niemand fragte nach meinen Papieren, ich war einfach für diese Nacht ihr Kind und wir schliefen herrlich, alle zusammen in einem großen, warmen Bett.

„Wir müssen früh raus und auf das Frühstück verzichten", meinte Hamude, der uns zeitig in der Früh weckte. Und er hatte recht, denn hunderte Menschen strömten bereits auf den Bahnsteig zu. Darunter waren auch viele Frauen, Kinder und gebrechliche alte Menschen. Jeder versuchte einen Platz in einem der Züge oder Busse zu ergattern.

Das Militär fuhr furchteinflößend mit seinen großen Armeetransportern an uns vorbei. Auf den großen Ladeflächen saßen Soldaten mit Gewehren, um ihre Präsenz zu demonstrieren. Mitarbeiter des UN-Flüchtlingshilfswerks verteilten Wasserflaschen und kleine Essenspakete. Und wieder einmal standen wir in einer langen Menschenkette. Sobald die serbischen Polizisten, die vor uns stehenden Metallbarrieren zur Seite geräumt hatten, drängten wir auf den Bahnsteig. Dieses Mal gab es kein Gerangel um die Plätze. Bei jedem Waggon standen zwei Soldaten und einer half sogar Anoschka über die eisernen Stufen hinauf.

Wir fanden einen guten Platz in dem Abteil, das uns zugewiesen wurde. Jeder, sogar Raschid, hatte einen eigenen Sitzplatz bekommen. Die Zugkarten kosteten um die Hälfte weniger als die Buskarten, aber dafür dauerte die Zugfahrt doppelt so lange. Wir nahmen es in Kauf, unser Geld war knapp und wir wussten nicht, was noch auf uns zukommen würde.

Unendlich oft blieb der Zug auf dieser Strecke stehen, manchmal in kleineren Bahnhöfen, obwohl niemand aus- noch einstieg, häufig aber auch auf offenen Feldern oder im tiefsten Wald. Die Sonne brannte unerbittlich auf die Dächer der Waggons. Die Luft war stickig, sie einzuatmen erzeugte in mir Übelkeit. Obwohl es brennend heiß war, wickelte ich mir ein Baumwolltuch vor Mund und Nase. Ich hatte Angst, mich inmitten der vielen Menschen übergeben zu müssen. Die meisten Menschen, auch ich, waren am Ende ihrer Kräfte, ausgelaugt, müde, dreckig und hungrig. Das Baby schrie heute fast die halbe Fahrt und nichts konnte es beruhigen. Tante Anoschka, wie ich sie in der Zwischenzeit nannte, hatte Lorin unter einem Tuch verdeckt an ihre Brust gelegt. Auch Raschid schien diese Fahrt nicht zu gefallen. Bei einem Aufenthalt in einem etwas größeren Bahnhof kamen Händler an unsere Fenster und verkauften Wasser, welches in Bierflaschen abgefüllt war, einen halben Liter Wasser für einen Euro. Das Aussteigen auf den Stationen war uns nicht erlaubt. Wir hatten Polizeibegleitung, bis wir in den Belgrader Bahnhof einfuhren. Danach gingen die Tore der Waggons auf und wir konnten aussteigen.

Roze in Belgrad

Roze

Auf dem Weg von Süd- nach Nordserbien machten fast alle Flüchtlinge eine Nacht lang Rast am Belgrader Bahnhof, ehe sie am nächsten Tag weiter zur ungarischen Grenze fuhren. Aber für uns war das jetzt gar nicht mehr so sicher. In den Medien wurde berichtet, dass Ungarn keine Flüchtlinge mehr ins Land lassen wollte und die Grenze geschlossen werden sollte. Das würde für uns vorerst Endstation in Serbien bedeuten. Am Bahnhof war die Hölle los und man musste wirklich aufpassen, sich nicht zu verlieren. Einige Journalisten und Kamerateams interviewten Familien, die am Bahnhof unfreiwillig auf dem Boden ihr Nachtlager ausgebreitet hatten.

Verzweifelte Menschen hielten Schilder in die Luft: „Germany!" und „Mother Merkel, help us!" Saradaschdi und Hamude ließen uns über zwei Stunden lang allein. Sie wollten sich über die Situation in Ungarn erkundigen und gleichzeitig nach einem Internet-Point suchen. Ich war mit Anoschka, Raschid und dem kleinen Lorin allein und dachte verzweifelt daran, was passieren würde, wenn die beiden nicht mehr wieder kämen. Ich machte mir Sorgen um sie und gleichzeitig hatte ich Angst um mich. Was würde das für mich bedeuten? Wie käme ich dann nach Österreich? Würde ich meinen Papa so schnell nicht in die Arme schließen können, oder wie sollte ich mit Mama und meinen Geschwistern wieder zusammenfinden? „Nein, nur bloß nicht daran denken, Roze“, hämmerte ich mir immer wieder ein.

Ich weinte ein bisschen, aber weil ich mich schämte, versteckte ich mein Gesicht hinter meinen langen schwarzen Haaren. In dieser Stunde hatte ich das Gefühl allein zu sein auf dieser bedrohlichen Welt.

Idris drängt mich zum Aufbruch

Thulin

„Wir können nicht mehr warten, du musst jetzt schnell handeln“, flehte Idris ins Telefon. „Viele Frauen mit kleinen Kindern kommen jetzt über die Grenzen. Es ist machbar, auch für Pola und Jan.“ Mit diesen und vielen anderen Worten versuchte Idris mich zu überzeugen.
Aber ich war für eine schnelle Abreise nicht vorbereitet. Und ich machte mir Sorgen, wie wir diese weite Reise überstehen sollten. Als Idris merkte, dass ich am andern Ende der Telefonleitung weinte, sagte er sanft. „Schatz, bitte, versucht es!“ Wir werden ein gutes Boot finden, das euch sicher nach Griechenland bringt.
Fast stündlich telefonierte ich mit Idris. Er organisierte die Bootsüberfahrt für uns, ich begann alles einzupacken und die Wohnung zu räumen. Idris unterstützte mich aus der Ferne, so gut er konnte.
Ein Paket mit den wichtigsten Dingen sollte ich per Post nach

Österreich senden. Idris entschied mit, was in das Paket musste. Der Laptop und die Familienfotos waren das Wichtigste und die Papiere für Roze, an die bei ihrer Abreise niemand gedacht hatte. Ein paar Kleidungsstücke sollten für jeden dabei sein. Aber das Meiste musste in der Türkei zurückbleiben. Einige Taschen sollte ich einem Freund übergeben. Vielleicht könnten Hansi und Margit, Freunde aus Maria Saal, die öfters nach Istanbul kommen, diese Taschen, bei einer ihrer nächsten Reisen, nach Österreich mitnehmen. Für Pola könnte die überstürzte Abreise besonders schwer sein, ahnte ich. Sie hatte sich schon gut ins Alltagsleben der Schneiderei eingewöhnt. Ihr Chef gab ihr erst vor ein paar Wochen einen anspruchsvolleren Aufgabenbereich, auf den sie sehr stolz sein konnte. Aber ich wusste, dass die Reise unausweichlich war und der einzige Trost war die Hoffnung, dass wir bald wieder alle zusammen sein könnten. Jetzt hieß es, wieder alles zurücklassen und in ein fremdes Land gehen. Es war unsere vierte Flucht.

Mit auf die Reise sollten auch mein 26 Jahre alter Bruder Waleed und meine jüngere Schwester Mariam kommen. Sie ist 25 Jahre alt, an ein Hierbleiben hatten auch sie nie gedacht, und da es momentan kein Zurück nach Syrien gab, blieb auch für sie beide nur die Flucht nach vorne. „Du musst fliehen, solange du noch genügend Geld hast, um die Schlepper zu bezahlen." Das war ein Spruch, den ich schon so oft gehört hatte. Und es war etwas Wahres daran.

Was wir nicht mitnehmen konnten, versuchte ich zu verkaufen. Papa Ibrahim nahm Geld von der Olivenernte und gab es uns für die Überfahrt. Das letzte Gehalt von Pola hatten wir in Schwimmwesten investiert, denn da wollte ich kein Risiko eingehen. Auch von Verwandten und Freunden borgten wir uns Geld. Viel Geld, soviel, dass es noch Jahre dauern würde, bis wir alles wieder zurückzahlen könnten.

Vorbereitungen für die Ankunft der Familie

Kornelia

Von der Arbeit im Transitquartier in der Dullnighalle wussten wir, was ankommende Flüchtlinge dringend brauchten. Vorsorglich hatten wir in den letzten Wochen einiges für die Ankunft der Familie vorbereitet. Kleidung und Schuhe in allen möglichen Größen hatten wir gesammelt. Unsere Familien, Freunde und Bekannte waren sehr großzügig und versorgten uns mit vielen Spenden. Wäsche, Pyjamas und Hygieneartikel lagen für die ganze Familie bereit.
Auch ein paar Stofftiere warteten auf die Ankunft von Pola, Roze und Jan. Bernhard und ich beschlossen, unsere ursprüngliche Idee, ein minderjähriges Kind aufzunehmen oder zu unterstützen, nicht mehr weiter zu verfolgen. Im Gedanken waren wir schon mit Roze verbunden und wir zitterten auch um Idris' Familie in der Türkei.

„Roze könnte schon in ein paar Tagen in Österreich sein", meinte Bernhard. „Wie sieht es mit ihren Papieren aus?", fragte er Idris. Idris meinte, „Kinder haben keine Papiere, sie sind alle in einem gemeinsamen Dokument eingetragen." In der ganzen Aufregung hatte niemand die Geschichte zu Ende gedacht.

Was würde passieren, wenn Roze in Österreich ankommt und sich nicht ausweisen kann? Wie könnte Idris dann bestätigen, dass er der Vater ist? Dürfte sie dann eigentlich bei uns wohnen, bis sie mit ihrem Vater zusammen eine Unterkunft findet? In der Pension wohnte Idris mit achtzehn anderen Männern zusammen. Auch wenn die Pension sehr gut und vorbildlich geführt wurde, die Behörden würden es Roze nie gestatten bei ihrem Vater zu wohnen, da er sich das Zimmer mit drei weiteren

Flüchtlingen teilte. Nein, das wollten wir Roze und ihrem Vater nicht antun, dass sie nicht beisammen sein könnten. Wir mussten dafür sorgen, dass Idris so rasch wie möglich zu den Papieren von Roze kam. Thulin sollte die Papiere fotografieren und sie an ihn mailen. Leider gab es dabei ein sprachliches Missverständnis. Thulin packte die Papiere zusammen mit anderen Dingen in einen großen Karton und sandte diesen per internationalem Paketdienst nach Österreich.

Hoffentlich ging das Paket nicht verloren. Dann wären die Originaldokumente für immer weg, was zu erheblichen Komplikationen führen könnte. Was aber sollten wir tun, wenn Roze früher ankommen würde als ihre Papiere? Wir hatten darauf vorerst keine Antwort.

Abschied von Istanbul

Thulin

Unsere Taschen standen gepackt vor der Tür, die Vorhänge waren zugezogen, die Wohnung versperrt. Den Schlüssel legte ich, wie mit dem Vermieter besprochen, einfach unter die Fußmatte. „Kommt, wir müssen uns beeilen, der Bus wartet nicht!", rief ich meiner Familie zu. Ich fühlte mich jetzt für alle verantwortlich, nicht nur für unsere Kinder Pola und Jan, sondern auch für meine Geschwister Waleed und Mariam. Alle nickten mir zu, aber an den ängstlichen Gesichtern konnte ich erkennen, dass über die Abreise kein Freudentaumel ausbrechen würde.

Pola hob ihren Rucksack hoch und knotete die braune Winterjacke obenauf. Papa hatte bestimmt, dass jeder eine warme Jacke mitnehmen und feste Schuhe tragen musste. Keine Sandalen, keine Stoffschuhe, denn diese taugten für so eine Reise nichts.

Jan bekam vor der Abfahrt noch neue Stiefel. Obwohl er sie nicht anziehen wollte und sich heftig gegen die viel zu warmen Schuhe wehrte, blieb ihm nichts anderes übrig, als zu gehorchen. Waleed und Mariam halfen den Kindern mit ihrem Gepäck auf die Straße. Ein flüchtiger Blick auf die Uhr sagte mir, dass es erst sechs Uhr morgens war, viel zu früh, um das Haus zu verlassen. Der Bus nach Izmir fuhr erst um sieben Uhr ab. Zu Fuß bis zum Bahnhof waren es ungefähr 20 oder 30 Minuten.

Aber mit dem Gepäck auf dem Rücken und mit Jan an der Hand, musste ich vorsichtshalber etwas mehr Zeit einplanen. Das Geld für eine Taxifahrt wollte ich nicht ausgeben.
„Es wird alles gut", sagte ich zu meinen Kindern und nahm Jans kleine Hand noch etwas fester in meine. So eilten wir in der Morgendämmerung durch die Straßen von Istanbul in Richtung Busbahnhof.

Vor der „Yeni Cami", der Neuen Moschee, blieb ich kurz stehen und blickte hinauf zur wunderschönen weißen Kuppel. Hier hatte ich Roze das letzte Mal in meinen Armen gehalten. „Ich hoffe, es geht dir gut, meine kleine Maus", seufzte ich. „Du hast es schon so weit geschafft, wir schaffen es auch, bald sind wir wieder zusammen". In Gedanken schickte ich Roze einen Kuss. Pola dachte dasselbe. Unsere Augen trafen sich. Nur Pola bemerkte die Tränen in meinen Augen.

Was sich wohl in ihrem jungen Herzen abspielte? Meine einzige Hoffnung war, dass alles gut wird und wir eine neue Heimat finden, in der wir in Frieden leben können, wo man unsere Flucht versteht, wo man uns eine Chance gibt für einen Neuanfang. Ich gab Pola einen Kuss auf die Stirn und sagte leise zu ihr: „Es wird alles gut, mein Schatz!"

UNTERWEGS RICHTUNG KÜSTE

Thulin

„Vor uns liegt eine lange Busfahrt", sagte Mariam und drehte ihren Kopf zur Fensterscheibe. Waleed saß vorne beim Chauffeur. Er schien der Einzige zu sein, den die Müdigkeit noch nicht eingeholt hatte.
Immer weiter fiel die Stadt zurück, während die Sonne langsam am Horizont emporkletterte. Eine Zeitlang kämpfte sie gegen den Dunst an, der über dem Land lag. Als wir nach einer kurzen Rast wieder in den Bus stiegen, war die Sonne hinter einer dunklen Wolke verschwunden.
Die Luft war schwer, warm und feucht geworden und Regenwolken zogen am Himmel auf. Ich beobachtete das Wetterspiel und sagte mit besorgter Stimme: „Nicht gut!" Ich bettete Jan auf meinen Schoß, der durch das gleichmäßige Schaukeln eingeschlafen war. Pola schloss die Augen und taumelte gedankenversunken zwischen Wachen und Schlafen hin und her. Auch ich versuchte ein wenig zu schlafen, während der Bus die Stadt hinter sich ließ. Unaufhaltsam schlängelten wir vorbei an kleinen Dörfern mit vertrockneten Weideflächen, wo Schafe und Ziegenherden, Gräser aus der Erde zupften. Als wir uns der Küste näherten, wurde auch das Grün wieder üppiger.
In der Zwischenzeit hatte es rapide abgekühlt. Die Sonne ließ sich nicht mehr blicken und eine leichte Brise wehte vom Meer herauf aufs Land. Langsam brach die Dämmerung an. „Die Nacht ist nicht mehr fern", dachte ich mir. „Eine halbe Stunde noch, dann werden wir Izmir erreichen", sagte ich laut zu meiner Familie. In Izmir mussten wir noch einmal umsteigen und den Bus weiter nach Cesme nehmen.
Es war bereits dunkel, als wir am vereinbarten Treffpunkt ankamen. Eine Gruppe von Frauen und Männern wartete schon auf uns. Ein türkischer Mann kam auf mich zu und gab mir kurze

Anweisungen. Unser Gepäck durften wir in einen Kleinbus laden, danach sollten wir in Kleingruppen weiter durch den Ort gehen.

„Nach der Ortschaft gibt es eine Weggabelung", erklärte der Mann in seinem undeutlichen Türkisch. „Von da aus müsst ihr links die kleine Schotterstraße entlanggehen. Der Weg führt euch direkt ans Meer, dort treffen wir uns wieder."

Waleed stapelte die mitgebrachten Decken noch in den Kleinbus, dann eilte der Wagen auch schon voraus. Von hier aus mussten wir zu Fuß weitergehen. Obwohl ich mir fest vorgenommen hatte, immer auf mein Gepäck zu achten, ging jetzt alles so schnell, dass ich gar nicht rechtzeitig reagieren konnte. Unser ganzes Gepäck und damit auch ein Teil unseres Geldes waren jetzt im Bus verstaut. Mit Schrecken dachte ich daran, was passieren würde, wenn der Busfahrer nicht wie versprochen am Strand auf uns wartete. Instinktiv begann ich mit größeren und energischeren Schritten voranzuschreiten. Die Angst war unbegründet. In der kleinen, etwas versteckten Bucht stand unser Bus, daneben stapelten sich unsere Rucksäcke und Decken. Der Fahrer hatte bereits alles ausgeladen. Um ein kleines Lagerfeuer saßen einige Leute, die vermutlich denselben Weg wie wir vor sich hatten. Ich kannte niemanden aus der Runde. Viele Syrer, vermutete ich, aber auch Iraker und Afghanen waren darunter. Ein Drittel davon waren Frauen und Kinder, auch eine hochschwangere Frau konnte ich in der Gruppe erkennen.

Wir setzten uns zu ihnen ans Feuer. Heißer Tee in Plastikbechern wurde verteilt. Ein paar Brote, die wir noch von zu Hause mitgenommen hatten, teilten wir unter uns auf.

Die Nacht mussten wir hier im Freien schlafen. Zeitig in der Früh, noch vor Sonnenaufgang, bevor die türkische Polizei ihre Patrouille fuhr, sollte das Boot kommen, um uns abzuholen.

Pola und Mariam breiteten unsere Decken nahe am Lagerfeuer aus. Der Wind blies in die Glut und stieb die Funken auseinander.

Langsam erlosch die Glut des Feuers und es wurde stockdunkel. Pola wickelte sich die Decke um die Schulter und zog ihre Kapuze ins Gesicht. Schlagartig war es kalt geworden.
Besorgt dachte ich an morgen. „Wird alles gut gehen?" Wieder tauchten in meiner Vorstellung Bilder von sinkenden Flüchtlingsbooten auf. Wie würde es Idris und Roze gehen, wenn wir die Überfahrt nicht schaffen sollten? Noch lebten wir alle. Nein, wenn es das Schicksal gewollt hätte, dass wir getrennt werden sollten, dann hätte es auch schon in Syrien passieren können. Wie oft waren wir dort schon in Lebensgefahr. „Nein, wir schaffen es!", sagte ich mir immer wieder. „Ich will einfach vertrauen."

Dem Schlepper ausgesetzt

Thulin

Der Morgen brachte keine Wetterbesserung mit sich. Im Gegenteil, vom offenen Meer her wehte ein kühler Wind und das Wasser war unruhig und trüb. Noch bevor es hell wurde, weckte uns Alkan, unser Schlepper.
Fordernd streckte er mir seine Hand entgegen: „Para - Geld". „1500 Euro, Grup", erwiderte ich und zeigte auf unsere Runde. 7500 Euro forderte er. 6500 Euro hatte Idris vereinbart. Er hatte mich schon gewarnt, dass sie versuchen würden, den Preis in die Höhe zu treiben.
Ich übergab ihm ein Kuvert mit dem vorbereiteten Geld und erwiderte: „6500 Euro Grup". Alkan nahm es entgegen, ohne mich anzusehen.
„So schnell wie möglich weg von hier", dachte ich und ich begann, nachdem ich alle geweckt hatte, gleich unser Gepäck einzusammeln.
An einer Boje festgebunden wartete das Boot bereits auf die Überfahrt. Alkan watete durchs Wasser und schwamm mit

kräftigen Zügen zum Boot. Er zog sich mit einem Schwung hoch und kletterte ins Boot. Sein nackter Oberkörper strotzte vor Kraft, seine Muskeln ließ er beeindruckend arbeiten. Gekonnt löste er das Boot von der Boje, startete den Motor und kam der Küste näher. „Er versucht mit allen Mitteln uns zu beeindrucken oder einzuschüchtern", sagte mein Gefühl.
„Gemiye geliyor! - Kommt einsteigen!", brüllte er mit lauter Stimme. Nur zögernd und ängstlich wateten die ersten Reisenden in ihren leuchtenden Schwimmwesten durchs hüfthohe Wasser.
„Gemiye geliyor hizla, alelacele! - Das Boot kommt schnell, eilig-hastig!", brüllte Alkan unaufhaltsam.
Ich zitterte am ganzen Leib. Wie sollte ich mit den Kindern durch das meterhohe Wasser bis zum Boot kommen? Die Wellen hatten etwas Beängstigendes für mich, ich war knapp davor umzukehren.
Doch die meisten Passagiere waren schon an Bord. Flehend sah ich zu Waleed und Mariam zurück. Ich musste eine Entscheidung treffen, das Boot würde nicht auf uns warten. Alkan hatte bereits unser Geld kassiert und ich würde vermutlich nichts davon wiedersehen. „Idris, was soll ich tun", flehte ich verzweifelt. „Inschallah - so Gott will", betete ich. Dann hob ich Jan auf Waleeds Schultern, nahm Pola bei der Hand und wir stiegen ins kalte Meer. Hinter mir kreischte und schrie Mariam bei jedem Schritt, den sie machte. Schon nach den ersten Schritten waren wir vollkommen durchnässt, auch unsere Rucksäcke konnten wir vor dem Wasser nicht genügend schützen. Jan war der einzige, der trocken an Bord kam. Waleed war groß und stark genug, um ihn über dem Wasser zu halten.

Das Boot war voll, übervoll, würde ich sagen. Wir zwängten uns zwischen den Bootsreihen durch und versuchten irgendwo einen Sitzplatz zu finden. Die Rucksäcke lagen auf den Knien

und unsere Schwimmwesten drückten sich gegen unsere Sitznachbarn. Alkan startete den Motor des Schlauchbootes, während er mit einem Mann verhandelte. Er fragte ihn, ob er das Steuer übernehmen könnte. Zuerst verneinte er, aber dann sah ich, dass Alkan ein Bündel Geld aus seiner Tasche zog und es ihm zusteckte. Der Passagier übernahm das Ruder und Alkan zeigte ihm, wie er das Boot wenden konnte. Das Boot schaukelte auf den Wellen und wir starteten in Richtung Griechenland, aber ohne Alkan. Er hatte uns zuvor schon bewiesen, dass er ein guter Schwimmer war. Er sprang aus dem Boot und schwamm zurück ans Ufer. „Allah askına - um Gottes Willen", schrien einige, „eaks! – umkehren!", riefen andere.
Aber wir waren schon in Richtung offenes Meer unterwegs. Unser Kapitän hatte keinerlei Erfahrung, wie man so ein Gefährt lenkt oder in welchem Winkel man über die Wellen fahren musste. Bei jeder hohen Welle spritzte eisig kaltes Salzwasser auf uns. Nach wenigen Minuten begann sich unser Schlauchboot langsam mit Wasser zu füllen. Im Nu entstand eine Meuterei und die Menschen an Bord begannen sich gegenseitig zu beschimpfen. Wir schrien alle durcheinander. Jeder in seiner Sprache und jeder in seiner großen Angst. Niemand hatte das Kommando. Das Schlauchboot neigte und wand sich unter den schaukelnden Wellen.
Die Stärke des Windes zerrte an uns und die Gischt fegte weiter über unsere Köpfe hinweg. Auch ich begann zu schreien und zerrte heftig an den Hemdsärmeln des Mannes, der das Steuerruder vom Schlepper übernommen hatte.
„Bring uns zurück!", schrie ich. „Wir kommen nie nach Griechenland, wir können das nicht schaffen. Du tötest uns und unsere Kinder". Ich hörte nicht auf zu schreien und ihn zu beschimpfen. Der Passagier, der so kurzfristig zum Kapitän ernannt wurde, wusste, dass er diese brodelnde Menge an Bord nicht beruhigen konnte. Erst jetzt wurde er sich seiner Verantwortung bewusst,

die er so unbedacht auf sich genommen hatte. Erst als er das Boot wendete und wieder der Küsste zusteuerte, beruhigten sich die Stimmen.
Alkan hatte uns die ganze Zeit von der Küste aus beobachtet.
Unser unerfahrener Bootsführer fuhr ungebremst auf das Ufer zu. In letzter Sekunde würgte er den Motor ab. Die Gefahr bestand darin, dass unser Boot vor dem Anlegen noch kenterte. Noch waren wir ein gutes Stück vom Ufer entfernt. Viele von uns konnten gar nicht schwimmen, obwohl uns unsere Schwimmwesten über Wasser halten würden. „Aber was ist mit den kleinen Babys, die im Arm ihrer Mütter liegen?"
Hier ins Wasser zu fallen, wo niemand stehen konnte, das musste ich verhindern. Instinktiv übernahm ich das Kommando.

Ich schrie: „Halt, stopp, alle bleiben auf ihren Plätzen, niemand rührt sich!" Schon beim Einsteigen hatte ich ein zusammengerolltes Seil am Boden liegen gesehen. Ich holte das Seil hervor und fragte in die Runde: „Wer ist ein guter Schwimmer?" Ein kräftiger Mann meldete sich. „Ich bin stark und kann gut schwimmen, ich schaffe das", erwiderte er knapp. Ich band die Leine am Boot fest und gab ihm das andere Ende in die Hand. „Zieh uns an Land und bitte pass auf, es sind viele Kinder an Bord", bat ich. Er nickte mir zu. Nach einem weiteren „Bitte sei vorsichtig", sprang er ins Wasser, zog uns vorsichtig die letzten Meter ans Ufer und sicherte unser Boot.
Von Angst gepeinigt, völlig durchnässt und erschöpft stiegen wir nahe am Ufer, langsam aber sicher, einer nach dem andern, wieder aus dem Schlauchboot. Zuerst die Mütter mit ihren Babys, dann hob der Schwimmer die größeren Kinder behutsam übers Wasser. Jan und Pola waren sicher am Ufer, ich war beruhigt. Danach kamen Frauen und Männer an die Reihe. Es gab kein Gedränge, alle waren froh, wieder sicheren Boden unter den Füßen zu haben. Auch wenn es die Türkei war. Wir wussten, dass

wir nur knapp einer Katastrophe entkommen waren.
Alkan kam auf uns zu. Schon von weitem sah ich sein erregtes, hochrotes Gesicht. Seine Wangenknochen standen stark hervor, er biss sich mit den Zähnen auf seine Lippe. Dann packte er mich unsanft am Arm und schrie mich an: „Du Weib, warum bist du nicht zu Hause geblieben. Kötü bir kadın eve gitmek. Sikme, kaybolmak. Verschwinde!" und andere böse Worte, die noch nie zuvor ein Mensch zu mir gesagt hatte, folgten. In mir kochte die Wut.
In dem Augenblick, als ich mir der Todesgefahr bewusst wurde, merkte ich erst, welche Kraft in mir steckte. Ich ließ mich von ihm nicht einschüchtern. „Ceza - Verbrecher", nannte ich ihn und sah ihn mit bösen Augen an. Ich riss mich von ihm los und streckte ihm fordernd meine Hand entgegen. „Para - Geld", forderte ich, „Para Grup". Ich schaute ihm so fordernd in die Augen, bis er seine Jacke öffnete und das Kuvert herauszog, das er mir vor einer Stunde abgenommen hatte. Er öffnete den Umschlag und zog einen Geldschein heraus und steckte diesen blitzschnell wieder in seine Tasche zurück. Schnell griff ich nach dem Kuvert und entriss ihm mein Geld. Schneller als er reagieren konnte, drehte ich mich um und stapfte zu meiner Familie. Mariam und Waleed standen staunend und wie angewurzelt noch immer am Ufer. Noch nie hatte mich jemand so resolut gesehen. Ich ging auf die beiden zu. Tränen liefen über meine Wangen, mein Herz klopfte, als wollte es zerspringen. Wir fielen uns in die Arme und weinten.

Zurück nach Istanbul

Thulin

Zwölf Stunden Busfahrt zurück in die Vergangenheit lagen hinter uns. Der Schlüssel lag noch unter der Fußmatte. Dankbar holte ich ihn hervor und sperrte die schwere Holztür auf. Wir waren

wieder zurück, zurück in unserer nun fast leeren Wohnung. Einige Dinge, die wir unseren Freunden überlassen hatten, waren noch dort. Ich war dankbar dafür, dass sie noch niemand abgeholt hatte. „Ich werde nie mehr in ein Boot einsteigen", sagte ich entschlossen zu meinen Geschwistern. „Jetzt müssen wir wieder von vorne anfangen", flüsterte ich mir selber zu und nahm einen Stapel Wäsche aus einer Tasche.
Danach brachte ich die Kinder zu Bett und gab ihnen einen Gute-Nachtkuss auf die Stirn. „Gott hat uns beschützt", sagte ich leise zu meinen Kindern. Später telefonierte ich noch eine Stunde lang mit Idris. Ich weinte, er weinte. Unsere Hoffnung war zusammengebrochen wie ein Kartenhaus. Wir konnten uns nicht trösten.

Gescheiterter Fluchtversuch

Kornelia

Es war fünf Uhr morgens. Bernhard und ich packten gerade die letzten Sachen für unsere bevorstehende Romreise und waren sozusagen bereit zur Abreise, als das Handy piepste. Es war ein Whats-App von Idris mit den Worten:

„Gott hat Thulin und meiner Familie
heute ein neues Leben geschenkt.
Sie sind gerettet und wieder in der Türkei."

Ich musste dreimal auf das Display schauen und las den Text immer wieder. Bernhard reagierte sofort und wählte Idris' Telefonnummer. „Hallo Idris, was ist passiert, wie geht es deiner Familie, sind alle o.k.?" Idris berichtete nur kurz von dem Vorfall, denn der Schock saß noch zu tief in ihm.
„Mit welchen Worten kann man da Trost spenden", fragte ich

mich. Mir fielen keine ein, die ich ihm hätte sagen können, außer: „Wir sind mit dir, oder sag uns, wenn du Hilfe brauchst." Im ersten Moment dachten wir daran, unsere bevorstehende Reise abzubrechen. Doch dann entschieden wir, sie doch wie geplant anzutreten. Und so haben wir die Familie Ibrahim in unseren Gedanken und in unseren Herzen auf unsere sechstägige Pilgerreise mitgenommen.
Während unserer gesamten Romreise waren wir, so gut es ging, in Kontakt und somit auch über alles informiert. In Rom ereignete sich dann auch etwas, was für die weitere Zukunft der Ibrahims von großer Bedeutung sein würde.

Noch immer in Belgrad

Roze

Saradaschdi und Hamude kamen zurück und brachten Äpfel und Bananen mit. Saradaschdi las Anoschka einige Artikel aus einer mitgebrachten Zeitung vor.

Saradaschdi war ein gebildeter Mann, mit seinen guten Englischkenntnissen übersetzte er uns einige Artikel:

„In Serbien wird die Zahl der Flüchtlinge auf 15.000 geschätzt, Tendenz stark steigend. Viele Flüchtlinge versuchen noch vor dem Inkrafttreten des verschärften Einwanderungsgesetzes des EU-Landes Ungarn, dieses in Richtung Österreich und Deutschland zu durchqueren."

In Syrien arbeitete Papa Saradaschdi als Ingenieur in einer großen Baufirma. Er zeichnete Pläne für moderne Häuser, Hotels und Banken. Er erzählte uns, dass er nach Syrien zurückgehen werde, sobald der Krieg zu Ende sei. „Ich will meine Heimatstadt wieder aufbauen, aber jetzt muss ich erst meine Familie in Sicherheit bringen", sagte er. Saradaschdi nahm die Zeitung hoch und begann wieder zu übersetzen.

„Das Aufnahmelager in Krnjaca befindet sich abseits der Flüchtlingsroute. Die meisten in Belgrad eingetroffenen Flüchtlinge wollten sich daher trotz Regens und stark gesunkener Temperaturen nicht dorthin begeben."

Ich wusste nicht genau, was diese Artikel für uns bedeuteten, ich konnte mich dabei nur auf meine Begleiter verlassen.
Saradaschdi entschied, in eines der Aufnahmelager zu fahren, auch wenn es für uns eine Verzögerung bedeuten würde. „Anoschka und die Kinder brauchen ein warmes Essen und müssen sich ausschlafen", sagte er zu Hamude. „Hier am Bahnhof ist es zu kalt, ich möchte nicht, dass sie am Boden schlafen. Morgen sehen wir dann weiter".

Raschid machte große Augen, als er vom warmen Essen hörte. Auch ich war froh bei dem Gedanken, nicht wieder auf eiskaltem Boden, sondern unter einer warmen Decke schlafen zu können. „Hoffentlich gibt es genügend Schlafplätze", dachte ich mir. Hamude schien diese Entscheidung nicht zu gefallen. Er war der Einzige, der von uns weiter wollte, aber das würde bedeuten, dass wir uns heute trennen müssten. Und dann wären wir beide wieder ganz alleine. „Wir werden zusammenbleiben, bis wir in Österreich sind", versprach Hamude, als er in meine flehenden Augen sah.

Mit einem Bus fuhren wir danach in das nahe gelegene Zentrum Miksaliste. In der Nähe des Eingangs las ich auf einem langen handgeschriebenen Transparent die Worte:

„Refugees welcome in Miksaliste,
place were refugees can find any kind of help in Belgrad.“

Miksaliste war für mich ein Ort zum Ausrasten. Die Menschen dort waren sehr freundlich und lächelten uns zu. Es gab nicht so viel Polizei und Militär wie in den anderen Camps. Vor Polizisten hatte ich immer Angst, auch wenn mich Hamude oft beruhigte und meinte, die passten auf uns auf. Er konnte mich davon nicht wirklich überzeugen.

In einer Kleiderausgabe durften wir uns frische Kleider aussuchen. Meine Hose und mein T-Shirt waren schon steif vom Schmutz. Das einzige saubere Wäschestück war mein kleines, dunkelblaues TuTu, das ich seit Athen in meiner Tasche trug. Ich fand eine dunkle Hose, eine Regenjacke, ein Paar Socken und neue Schuhe. Meine alten Schuhe waren noch in Ordnung, aber schon ein bisschen nass und ich war dankbar, dass ich sie wechseln konnte. Bevor wir in unsere Schlafkojen krochen, gab es noch für jeden Kartoffeleintopf mit etwas Huhn und ein Stück Brot.

Für das Baby war es einfacher. Es trank an Anoschkas Brust. Anoschka musste bei Kräften bleiben, darauf mussten wir Rücksicht nehmen. Sie war ihrem Mann dankbar, dass er sie heute hierher gebracht hatte, sie brauchte wirklich ein paar Tage Rast. Zum Schlafen bettete sie den kleinen Lorin in eine Plastikkiste, die sie zuvor mit warmen Decken ausgepolstert hatte, und stellte das provisorische Bettchen neben sich auf das Lager.

Wir redeten nicht mehr viel, jeder drehte sich zur Seite und ging seinen eigenen Gedanken nach. „Wenn ich einmal zehn Minuten lange nicht redete, dann ist das ein Wunder“, sagte meine Mutter immer. Ich dachte an sie, als ich die Augen schloss und in den Schlaf sank. „Mama laylatan jayida - Mama, gute Nacht“.

Zweiter Aufbruch für Thulin und Familie

Thulin

Zwei Tage lang schliefen wir durch, so erschöpft waren wir. Ich stand nur kurz auf, um eine Kleinigkeit zu kochen. Viel Essbares fand ich nicht mehr in unserer Wohnung, aber es reichte für Makkaroni mit Tomatensauce. Etwas Kaffee und ein paar Kekse waren noch in der Küche zurückgeblieben, das war es dann auch schon. Einkaufen wollte ich nicht gehen. Keiner wollte die Wohnung verlassen, der Schock saß immer noch zu tief in uns.
Am nächsten Morgen führte ich mit Idris wieder ein langes Gespräch. Er bettelte noch immer: „Bitte, kommt, bitte versucht es." Idris machte mir wieder Mut und mit seinen aufmunternden Worten brachte er mich wieder zum Lachen. „Es wird alles gut", tröstete er mich. Idris neckte mich mit meinen Erzählungen über Alkan, den Schlepper. Ich musste ihm immer und immer wieder am Telefon erzählen, wie ich den Typen angeschrien hatte.

Idris gab nicht auf, er plante für uns einen neuen Fluchtversuch. Am Nachmittag meldete sich ein Mann am Telefon. „Hallo", sprach er mit klarer, freundlicher Stimme, ich bin Boran. „Ich habe mit Ihrem Mann gesprochen, ich komme, um euch zu helfen". „Was?", fragte ich überrascht.
Waleed und ich sollten heute Abend vor dem Gulhane Sur Cafe auf ihn warten, meinte er. Danach legte er so schnell auf, dass ich gar nicht die Möglichkeit hatte, ihm zu antworten. Sprachlos sah ich auf mein Display und überprüfte die Telefonnummer. Später erzählte ich Waleed von dem Anruf und bei einer Tasse Kaffee besprachen wir, ob wir ins Cafe gehen sollten oder nicht. „Ja, nein, ja, nein?" Spielerisch wiederholten wir die Worte. Obwohl ich eigentlich nicht daran glaubte, dass man aus Kaffeesud lesen konnte, bemerkte ich, dass sich dieser zu einem halbmondförmigen Gebilde zusammengeschoben hatte. Meine Freundin, die

einige Male zum Spaß aus dem Kaffeesud las, würde jetzt vermutlich sagen: „Deine Hoffnungen werden in Erfüllung gehen.“ Später am Abend trafen wir Boran vor dem Gulhane Sur Cafe. Wir gingen nicht hinein, sondern er führte uns ein paar Gassen weiter in eine kleine Bar, wo wir ungestört reden konnten. Boran schien sehr sympathisch zu sein. Er hatte eine offene, fröhliche Art und ein gutes Benehmen. Er erzählte von seiner Flucht aus Syrien und dass er seit einem halben Jahr in der Türkei leben würde. Eigentlich wollte er erst im Frühling nach Deutschland, da seine Frau erst vor ein paar Monaten ein Baby bekommen hatte. Doch die politischen Entwicklungen in Europa würden, was die Migration betrifft, kritischer und so drängte ihn die Situation, nicht mehr länger zu warten. „Ich will übermorgen mit einem Boot nach Griechenland fahren und will nicht von einem Schlepper abhängig sein, sondern selber die Überfahrt leiten. Einige Plätze auf dem Boot sind noch frei und ich kann euch mitnehmen.“ Mit Idris hatte er vereinbart, dass wir die Überfahrt erst bezahlen müssten, wenn wir in Griechenland angekommen wären, oder dann, wenn wir Österreich sicher erreicht hätten. „1200 Euro pro Person kostet die Fahrt, für die Kinder ziehe ich noch einen kleinen Betrag ab.“ Boran versprach, dass er nur in See stechen würde, wenn das Wasser ruhig wäre. Er versicherte, absolut kein Risiko einzugehen, denn „es ist auch in meinem Interresse, meine Familie gesund nach Griechenland zu bringen.“ Warum ich ihm vertraute, konnte ich nicht genau sagen, aber ich glaubte, es war seine klare und gewählte Aussprache und seine ruhige, besonnene Art und die Zärtlichkeit, mit der er von seiner Familie erzählte. Obwohl ich ihn bat, uns ein paar Stunden Bedenkzeit zu geben, hatte ich mich schon entschieden. Wieder einmal legte ich den Schlüssel unter die Fußmatte. Bei dem Gedanken, noch einmal zurückzukommen, bekam ich eine Gänsehaut. Aber auch der Gedanke, nicht mehr zurückzukommen, ließ mich erschaudern. Vor drei Tagen erst waren

wir voller Hoffnung aufgebrochen und gescheitert. In meinem Kopf drehte sich alles wie in einem Karussell. Ich wusste, dass es unsere letzte Chance war. Der Bus von Istanbul, der uns über Izmir nach Cesme bringen sollte, fuhr pünktlich ab. Mariam, Waleed, Pola, Jan und ich wollten es noch einmal versuchen. Ich wählte Borans Telefonnummer, denn ich sollte ihn anrufen, sobald wir in Cesme angekommen waren. „Hallo Boran, hier ist Thulin", meldete ich mich. „Hallo Thulin", hörte ich Borans klare Stimme am anderen Ende der Leitung. „Ist alles o.k. bei euch?" fragte Boran. „Ja, bestens", gab ich zur Antwort. „Bleibt an der Busstation, ein roter VW-Bus wird euch in den nächsten zehn Minuten abholen", erklärte Boran. Wie versprochen kam einige Minuten später ein roter Bus und parkte am gegenüberliegenden Parkstreifen. Der Mann im Bus stieg nicht aus, er winkte uns hastig zu und gab uns ein Zeichen, dass wir einsteigen sollten.
Unser Boot wartete bereits in einer kleinen Bucht nahe am Ufer, in der auch einige Urlauberboote angelegt hatten. Ein Mädchen im selben Alter wie Pola kam auf uns zu und begrüßte uns in arabischer Sprache. Es war Borans älteste Tochter, wie wir kurz darauf erfuhren. Seine Frau und die anderen Kinder spazierten zu uns herüber und begrüßten uns. Nach und nach trafen immer mehr Personen in der Bucht ein und auch der rote VW-Bus brachte noch einige weitere Passagiere zur Gruppe.
Ein duftender Schleier, gefüllt von Jasmin und Zitrone, lag in der Luft. Es war dunkel geworden und der zunehmende Mond zeichnete seine silberne Silhouette auf den Himmel. Tausende funkelnde Sterne versprachen uns eine klare Nacht.

„Heute wird es nicht so kalt werden", sagte Borans Frau zu uns, während sie über einem kleinen Feuer Tee und Kaffee für uns kochte. Jan spielte mit ein paar Buben auf einem kleinen Sandstreifen, der hinter dem Steg angeschüttet war. Waleed zündete sich eine Zigarette an, während er ein Auge, wahrscheinlich aber beide Augen, auf Jan warf. Einer von den Buben entdeckte am Strand einen toten Fisch. Er steckte ihn stolz auf ein Stückchen Holz und lief damit den kreischenden Mädchen hinterher. Pola, die lieber jeder Konfrontation aus dem Wege ging, setzte sich zu mir und Mariam ans Feuer.

Vor meinem geistigen Auge tauchten wieder Szenen auf, die wir vor drei Tagen erlebt hatten. Ich beschloss aber, mit niemandem darüber zu sprechen. Jeder hatte seine eigenen Sorgen und ich wollte niemandem Angst machen. Auch ich wollte der Angst keinen Platz geben. Die Nacht verlief ruhig, es war windstill und das Meer rauschte sanft und gleichmäßig.

Einige von uns Reisenden waren schon munter, bevor Boran das Feuer aufs Neue anfachte, um Frühstück zu machen. In der dunkelblauen Morgenstunde, noch bevor die Sonne aufging, stiegen wir ins Boot. Geschickt lenkte er das Gefährt nahe an den Steg, so konnten wir alle ohne Gefahr einsteigen. Boran sorgte dafür, dass wir nicht nass wurden. Bei allen Passagieren kontrollierte er die Schwimmwesten und zog sicherheitshalber noch an dem einen oder anderen Schnürchen der Ausrüstung. Von der türkischen Polizei war nichts zu sehen und so konnten wir ohne große Hektik aufs offene Meer hinausfahren.

Ein leichter, lauer Wind kräuselte das Wasser vor uns. Hinter unserem Boot schlugen kleine weiße Wellen gegeneinander. Kraftvoll gab der Motor gleichbleibende Geräusche von sich. Wir kamen gut voran. Vor uns, im zart schimmernden Morgenlicht, erkannte ich die Umrisse der griechischen Insel Chios. Einige Fischer, die ihre Netze durchs Wasser zogen, waren auf See. Boran machte vorsichtshalber einen Bogen um sie. Es war sehr, sehr kalt. Jan drückte ich fest an mich, um ihn ein bisschen zu wärmen. Gleichzeitig bemühte ich mich, Pola mit einem Gespräch abzulenken. „Eine Stunde noch, dann haben wir es geschafft“, sagte ich zu ihr.

Auf der Insel Chios

Thulin

„Heimat ist nicht da, wo man geboren ist, sondern da, wo man satt wird.“

Idris hatte mir diesen Spruch kurz vor unserer Abfahrt auf das Handy gesandt. „Wir werden unsere Heimat niemals vergessen, aber wir werden eine neue Heimat finden“, das hofften wir alle. Und wirklich, eine Stunde später hatten wir es geschafft, wir waren in Griechenland. Der Wind trug uns die letzten Meter ans Ufer. Ein paar einheimische Männer und Frauen beobachteten unsere Ankunft schon eine Zeit lang. Für sie waren wir kein ungewöhnlicher Anblick. Täglich kamen Boote auf die Insel und füllten sie mit fremdländischen Geschichten, wie z.B. „auf der Suche nach dem Glück in Europa“, oder „wo man Gefahren nicht besiegen kann, ist Flucht der Sieg“. Eine einheimische junge Frau, die mit ihren zwei Kindern am Strand spielte, baten wir, einige Fotos mit unseren Handys zu machen. Wir stellten uns am Strand auf, hinter uns der Himmel und das Meer. „Wir haben es geschafft, wir sind in Griechenland“, schrieb ich unter das Bild und sandte es an meine Liebsten.

Das Registrierungszentrum auf Chios war nur ein schäbiger Platz mit einigen Containern und Holzhütten. Verblichene Holzbaracken und vergitterte Container ließen unsere Hoffnung auf einen Schlafplatz sinken. Nur einen Berg schmutziger alter Schlafsäcke fanden wir in einer verstaubten Koje. Es gab keine Schlafplätze, dafür bekamen wir aber innerhalb von wenigen Stunden unsere Papiere. In unseren Papieren stand „Aufenthaltsbewilligung“ und sie war für ein halbes Jahr gültig.
Vom Camp, oder besser gesagt von den Baracken aus konnte man direkt auf die Anlegestelle der Fähre sehen. Unsere Tickets

für die Fähre nach Athen besorgte Waleed noch am selben Tag. Drei Nächte lang mussten wir auf die Fähre warten. „Sie kommt nur zwei Mal in der Woche“, klagte die Frau am Ticketschalter. So verbrachten wir die Tage wartend am Strand. Für die Nächte bauten wir uns ein Zelt aus altem Segelleinen, welche wir am Strand fanden. Insel der Hoffnung wird Chios oft genannt. Wir haben sie anders erlebt. Vielleicht sollte man sie „Insel der Verlorenen Seelen“ nennen.

Am Morgen nach unserer ersten Nacht, die wir in der Nähe des Ufers unter diesem provisorisch aufgespannten Zelt verbracht hatten, spazierten wir ein Stück den Strand entlang. Zwischen den schroffen Steinen, die das Meer vom Land trennten, hing ein kaputtes Schlauchboot. Mehrere Schwimmwesten, ein Schuh und ein verlorener Teddybär lagen gerade so weit im Wasser, dass die Wellen sie nicht erfassen konnten, sie hatten aber auch zu wenig Kraft, um die verlorenen Dinge ans Land zu spülen. So schaukelten sie im Wasser ständig auf und ab. In den dunklen Knopfaugen des Bären spiegelten sich die Sonnenstrahlen wider. Ich hätte ihn liegen gelassen und wollte schon weitergehen. Da zog mich Jan zu sich herunter und fragte leise. „Mama, ist der Bär tot?“ Wie konnte ich da anders, als ins Wasser steigen und den Teddy retten. Ich legte ihn auf ein ausgelaugtes Holzbrett, welches ich am Ufer fand und sagte zu Jan: „Nein, Teddys können gut schwimmen“. Ich war sichtlich froh, dass Jan sich damit zufrieden gab. Ich hatte schon befürchtet, er würde jetzt darauf bestehen, den Teddy mitnehmen zu wollen. Eilig wandte ich mich ab und steuerte erleichtert der Straße zu.

Für einen Urlauber kann diese Insel sicher ein Paradies sein.

Man blickt über rote Dächer hinaus aufs tiefblaue Meer, wo Fischerboote und Segeljachten einander begegnen.

Alte Tamarisken stehen am Straßenrand und spenden wohltuenden Schatten. In der Ferne sah man die blauen Berge der türkischen Küste. Aber für uns Flüchtlinge war das hier eine andere Welt. Vor allem sahen wir alles aus einer anderen Perspektive. Wir mussten schon so viel für die Überfahrt bezahlen. Unterkunft konnten wir uns daher keine leisten. Wir waren sparsam mit allem, was wir kauften. Lebensmittel und Wasser für fünf Personen kosteten uns täglich eine stattliche Summe Geld. Immer wieder fragte ich mich, wo wohl Roze hier geschlafen hatte. „Jetzt können wir sie kaum mehr einholen", dachte ich mir. Und wenn ich unsere Flucht im Nachhinein betrachtete, fragte ich mich, ob wir nicht alle zusammen hätten fliehen sollen. Aber vielleicht war es auch gut so, wer weiß? „Roze ist klug und stark, sie schafft es", seufzte ich hoffnungsvoll.

In den drei Tagen, die wir tatenlos auf der Insel ausharren mussten, stellte ich mir immer wieder die Frage: „Warum? Warum passiert so viel Leid, warum all der Fanatismus, der Hass, der Krieg, der Terror und diese mutwillige Zerstörung? Warum gelingt es den Menschen nicht, an einer friedlichen Welt zu bauen?"
Ich dachte zurück an meine Mutter, meine Geschwister und an die Familie meines Mannes, an unsere Freunde, an unsere Nachbarn. Jetzt waren wir alle verstreut. Wenn wir nach Österreich weiterreisen sollten, werde ich dann meine Brüder, Schwestern und meine Mutter noch einmal sehen? War das hier ein Abschied für immer? Tränen rollten über meine Wangen. Ich ging ein wenig den Strand entlang, damit niemand meine geröteten Augen sehen konnte.

Paket und Dokumente für Roze

Kornelia

Zufälligerweise war ich gerade in der Pension bei Idris, als ein Anruf von einer Spedition kam. Da Idris normalerweise nur per

Internet telefonierte und ihn außer uns niemand am Telefon anrief, drückte er mir gleich sein Handy ans Ohr und gab mir ein Zeichen, dass ich für ihn reden sollte. „Ich brauche eine Zollerklärung für das Paket an Herrn Ibrahim Idris", sagte eine tiefe männliche Stimme am Telefon. Ich erklärte zuerst, wer ich sei und wer Herr Ibrahim sei und wollte dann genau wissen, was er von uns wollte. „Oh je, das klingt ziemlich kompliziert", dachte ich mir, als mir der Mann am Telefon das Prozedere erklärte. Zufrieden war ich erst, als er mir versicherte, er würde mir alles per Mail zusenden.

Eine Zollerklärung sollten wir ausfüllen und dazu müssten wir genau auflisten, was in dem Paket enthalten sei. Die Herausforderung war, dass der Wert des Paketes nicht über 45 Euro ausmachen durfte. Darauf machte mich der geduldige Mann noch einmal extra aufmerksam. Ja, und eine Übersiedelungsbestätigung sollten wir auch noch beilegen. „Hm, woher bekommt denn ein Flüchtling Übersiedelungspapiere?", fragte ich mich. Idris wusste leider auch nicht genau, was seine Frau alles in das Paket gepackt hatte. Ein alter Laptop war im Paket und natürlich die Papiere für Roze, die waren am wichtigsten.

So besorgten wir bei der Gemeinde eine Bestätigung über Idris' Aufenthalt in der Asyl-Pension. In das Feld bezüglich der Übersiedelungspapiere schrieb ich mit etwas Unmut: „Flüchtlinge haben keine Übersiedelungspapiere, sie sind geflohen und nicht übersiedelt."

Die Packliste der Wäscheteile beschrieb ich großteils als benützt und gebraucht, diverse Papiere der Familie Ibrahim und ein Uralt-Laptop, das war es, was ich anzuführen hatte. Gesamtwert 45 Euro, schrieb ich unter die Auflistung. Jetzt konnten wir nur noch abwarten, wie die Zollbehörde reagieren würde.

Von Belgrad nach Ungarn

Roze

In der Grünanlage neben dem Belgrader Busbahnhof sahen wir viele junge Männer auf den Parkbänken hocken. Die Kapuzen ihrer Jacken waren tief ins Gesicht gezogen. Einige waren eingemummt in mehrere Überjacken und hatten ihre Regenponchos auch noch darüber gezogen. Die Kälte machte allen zu schaffen. Die Männer warteten darauf, dass jemand den Container mit der Aufschrift „Rotes Kreuz" öffnete und die Helfer Decken und Tee verteilten. Jetzt, wo nachts die Temperaturen nur knapp über null Grad lagen, waren wir auf diese Hilfe angewiesen. Gut, dass wir die Nacht zuvor im Camp von Miksaliste schlafen konnten. Wir hatten uns alle etwas erholt und auch mein Husten war etwas besser geworden.

Aus dem Internet erfuhren wir, dass Ungarn einen vier Meter hohen und 170 Kilometer langen Zaun bauen würde, um die Grenze für Flüchtlinge zu schließen. Die Regierung hatte bereits begonnen, die meisten Verbindungswege zu verbarrikadieren. Jetzt musste unsere Weiterreise gut geplant werden. Denn über die Grenzschließung machten wir uns natürlich große Sorgen und natürlich auch darüber, ob wir nach Österreich weiterkommen würden. Nur noch eine schmale Stelle sollte derzeit passierbar sein. Wir mussten uns beeilen. „Die Zeit rennt gegen uns", hörte ich Hamude sagen. So landeten wir wieder am Bahnhof in Belgrad und hofften auf einen Zug, der uns weiterbringen konnte.
Eine weitere Nacht mussten wir jetzt leider doch am Bahnhof verbringen. Wir waren dankbar, dass auch wir einige saubere Decken ergattern konnten. Eine Rot-Kreuz-Helferin kam am Abend zu unserem Nachtlager, das wir uns in einer Ecke eingerichtet hatten, und schenkte Raschid ein kleines Plüschtier.

Raschid steckte es zufrieden unter seine Decke und schlief gleich darauf ein. Ich hingegen konnte diese Nacht kein Auge zutun. Das Quietschen der Züge und das laute Öffnen und Zufallen der Waggontüren löste in meinem Kopf einen enormen Druck aus. Ich hatte das Gefühl, die Züge würden in meinem Kopf herumfahren. Die vielen Menschen, die nachts so dicht an uns vorbeihuschten, erschreckten mich und machten mich irgendwie panisch. Immer wieder zuckte ich erschrocken zusammen. Hamude neckte mich: „Heute kannst ja du einmal für alle Wache halten, dann können wir uns eine Nacht lang ausschlafen! Morgen früh machen wir uns wieder auf den Weg, so Gott will", meinte Hamude, bevor er sich in seine Decke einwickelte. Erschöpfter als ich mich am Abend schlafen gelegt hatte, stand ich morgens wieder auf.
Heute sollten wir mit einem Zug oder mit einem Bus nach Subotica kommen. Es sei eine an der serbisch-ungarischen Grenze liegende Stadt, erklärte uns Saradaschdi. Die beiden Männer waren daraufhin über eine Stunde lang am Bahnhofsgelände unterwegs, um sich zu erkundigen, welche Möglichkeiten es gab weiterzukommen. Die Zeit dazwischen nutzten Anoschka, die Kinder und ich, um uns auf der Bahnhofstoilette ein wenig zu waschen. Lorin hatte einen wunden Popo und wir mussten unbedingt vor der Weiterreise noch eine Creme besorgen und ein paar Windeln organisieren.
Anoschka meinte, dass ich mit Raschid bei unserer Lagerstätte bleiben sollte, damit sie mit Lorin schnell ins Rot-Kreuz-Zelt gehen könnte, um für das Baby die Sachen zu besorgen.
Für mich war das kein Problem, aber als Saradaschdi und Hamude zurückkamen und Anoschka nicht da war, merkte ich, dass er nicht sehr erfreut darüber war, dass sie Raschid mit mir allein zurückgelassen hatte. Unsere zwei Männer berieten sich, wie wir am besten weiterfahren könnten. „Zuerst aber muss noch etwas gegessen werden", erklärte Saradaschdi. „Und auch

Proviant sollten wir besorgen", meinte er. In Subotica ist die Versorgung nicht so gut wie hier in Belgrad. „Wir trafen gerade einen jungen Mann aus Damaskus", erzählte Hamude weiter. Er berichtete, dass die Gruppe des Syrers, die sie bei ihrem Rundgang kennengelernt hatten, wieder von Subotica hierher zurückgefahren sei, weil sein Freund nicht über die Grenze gelassen wurde. Die Polizei behauptete, dass sein Pass gefälscht wäre. Jetzt wollten sie woanders versuchen, über die Grenze zu kommen, vielleicht in Richtung Kroatien. Er informierte uns auch, dass es keine Camps an der Grenze gäbe und dass die meisten Flüchtlinge in einer aufgelassenen Ziegelsteinfabrik schliefen. „Es ist ein Wettlauf gegen die Zeit", meinte Saradaschdi. „Darum brechen wir jetzt gleich auf und zwar mit dem Zug." Sie hatten bereits die Karten besorgt. Ein Mann in Schaffneruniform, der alle herumstehenden Flüchtlinge ansprach, verkaufte die heiß begehrten Tickets. Er kassierte 20 Euro pro Person. Wir müssten uns beim Einsteigen beeilen, meinte er, viele wollten mit und die Karte sei nur einen Tag gültig, erklärte er den Männern.
Saradaschdi besorgte im Versorgungszelt, gleich vor dem Bahnhofsausgang, noch einige Pakete Reiseproviant. In den Paketen waren je eine Semmel, ein Stück Streichkäse sowie ein paar Kekse und eine Dose Sardinen. Zudem hatten sie auch etwas Wasser mitgebracht. Dankend brachten wir vor unserer Abreise noch die geliehenen Schlafdecken zur Containerstation zurück. Obwohl die meisten Reisenden ihre Decken einfach zurückgelassen hatten, wollten wir unsere Decken nicht, wie viele andere, am Boden liegen lassen. „Heute Abend wird eine andere Familie froh sein, noch halbwegs saubere Schlafdecken zu bekommen", meinte Anoschka. Raschid und ich wurden dafür von den Helfern mit ein paar Keksen belohnt. Eine Extraration an Essbarem war für uns etwas Kostbares. „Shukran - Danke", winkte ich der netten Frau noch nach, bevor wir zu den Bahngleisen zurückmarschierten.

Am Bahnsteig herrschte ein fürchterliches Gedränge, ganz so wie Saradaschdi und der Schaffner es uns schon vorausgesagt hatten. Wir reichten uns teilweise sogar die Hände, damit wir nicht auseinandergerissen wurden. Saradaschdi sagte auf das Eindringlichste zu uns: „Wenn wir es nicht schaffen, alle gemeinsam in den Zug zu kommen, dann müssen wir auf den nächsten warten. Wir dürfen uns nicht aus den Augen verlieren."
Es wurde immer enger um mich und da ich ja noch einen Kopf kleiner war als die meisten anderen, konnte ich auch bald nicht mehr sehen, was sich außerhalb der Menschenmenge abspielte. Wir mussten sogar aufpassen, dass Anoschka und Lorin von der Menschenmasse nicht plattgedrückt wurden. Raschid saß auf den Schultern von Hamude, er hatte als Einziger den Überblick. Inmitten des großen Durcheinanders ertönte eine Durchsage aus den Lautsprechern. Eine Frauenstimme in monotonem und etwas schrillem Tonfall übertünchte die vielfältigen Stimmen und Geräusche am Bahnsteig. Aber wir konnten ihre Worte leider nicht verstehen. Gleich danach tönte derselbe dumpfe Gong, der mich in den Nachtstunden schon so oft erschrocken hatte. Die Stimme aus dem Lautsprecher begann wieder mit ihrer Durchsage. Raschid, hoch oben auf den Schultern, hatte die beste Aussicht und rief aufgeregt: „Quitar - Zug". Quietschend rollte der Zug immer näher und kam mit einer Waggontüre direkt vor uns zum Stillstand. „Das ist schon mal ein gutes Zeichen", dachte ich mir.
Ankommende Reisende mussten aber zuerst aus den Waggons aussteigen und das war eine große Herausforderung für alle. Obwohl viele Bedienstete und Polizisten versuchten, eine Ordnung in diese drängende Lawine zu bringen, wurde dennoch heftig geschupst und gestoßen. Noch bevor die Reisenden aussteigen konnten, drängten sich Polizisten mit ihren Schlagstöcken vor uns und schoben alle ein paar Meter zurück. Ob wir einen Platz im Zug bekommen würden? Ich hoffte es so sehr.

Noch eine Nacht auf dem lauten Bahnhof wollte ich nicht verbringen. Hamude war jetzt auch schon ein wenig nervös, weil wir doch zwei Tage in Belgrad verloren hatten. Und jeder Tag mehr kostete uns Energie und Geld.
Nachdem alle Reisenden ausgestiegen waren, entfernten sich die Polizisten und die Drängelei ging unerbittlich und unkontrolliert weiter. Wie verrückt stürmten alle auf den Zug zu. Es blieb uns nichts anders übrig, als auch zu drängeln. Ich musste meine Ellbogen zur Seite stemmen, damit ich nicht zerquetscht wurde. Mühsam kämpfte ich mich durch, vorbei an den Bergen von Rucksäcken, die vor meiner Nase auftauchten, bis ich endlich auf dem ersehnten Trittbrett des Waggons stand. Kurz blickte ich noch einmal in die Menge zurück, ich wollte mich versichern, ob wir alle noch zusammen waren. Anoschka stand aber noch drei Meter vom Waggon entfernt. Saradaschdi stand kurz hinter mir, mit einem Bein siegessicher auf der ersten Stufe, mit dem zweiten Bein noch hadernd am Bahnsteig. Verzweifelt versuchte er Anoschka seine Hand entgegenzustrecken. Raschid und Hamude waren schon vor mir im Abteil. Ich hoffte, dass Anoschka es noch schaffte. Bei dem Gedränge hätten wir gar keine Möglichkeit mehr gehabt wieder auszusteigen. Unschlüssig blieb ich kurz auf der Stufe stehen und blockierte so den Eingang. Irgendjemand warf eine Wasserflasche auf mich, um mich zum Weitergehen zu bewegen. Das Ding flog auf meinen Kopf und prallte hart von mir ab. Vor lauter Schreck wollte ich schon die Stufen wieder hinunterspringen. Dann kam aber schon Saradaschdi mit Anoschka an der Hand auf mich zu und sie drängten mich weiter in den Waggon. Hamude hatte für uns die Sitzplätze besetzt und er musste sich bereits bemühen, sie auch für uns freizuhalten. „Geschafft, wieder einmal geschafft“, dachte ich erfreut. Nachdem ich mein einziges Gepäckstück in der obersten Ablage verstaut hatte, ließ ich mich etwas genervt auf die grüne Plastikbank fallen. Ich tastete mit meiner Hand den brummenden Kopf

ab und spürte eine schmerzhafte Beule.
Zwischenzeitlich hatte es zu regnen begonnen. Schwüle und feuchte Hitze strömten uns entgegen, wenn der Zug an den Stationen Halt machte und sich die Türen öffneten. Die Landschaft war grau und trostlos. Die Zeit verstrich nur langsam und ich hatte das Gefühl, als kämen wir immer wieder an derselben Landschaft vorbei. Die einzige Abwechslung bei unserer Zugfahrt war die Erkenntnis, dass unsere Fahrkarten, die zwar Gültigkeit hatten, mit einem Fahrpreis von zehn Euro ausgewiesen waren. Wir hatten 20 Euro dafür bezahlt und erst im Zug fiel uns auf, dass man uns übers Ohr gehauen hatte.
Drei Stunden später, kurz vor Subotica, wurde die Landschaft wieder grüner und belebter. Wir hatten uns zuvor am Handy einige Fotos der Stadt angesehen. Von den schönen Bauwerken, Restaurants, Bars und Seen sowie dem vielfältigen kulturellen Stadtleben würden wir bei unserer Durchreise leider nichts mitbekommen. Schon mehrere Flüchtlinge hatten uns eindringlich geraten, dass wir dem Zentrum der Stadt nicht zu nahe kommen sollten. Subotica war von Ungarn nur wenige Kilometer entfernt. Das gesamte Grenzgebiet wurde von der Polizei streng kontrolliert. Wie man uns berichtete, sollten Flüchtlinge verhaftet werden, die sich zu weit von der Flüchtlingsroute wegbewegten.

So suchten wir nach unserer Ankunft in Subotica nur die alte Ziegelfabrik auf, die, wie es hieß, Flüchtlingsplatz für viele Durchreisende sein sollte.
Der „Dschungel", wie der Platz von den Einheimischen genannt wurde, glich eher einem Mistplatz als einer stillgelegten Fabrik. Plastikfaschen, Konserven, weggeschmissene Kleidungsstücke, einzelne herumliegende Schuhe, Essensreste und Plastiktaschen lagen überall in Massen herum. Zu meinem Schrecken liefen auch noch einige herrenlose Hunde auf der Suche nach übriggebliebenen Essensresten durch das stillgelegte Fabriksgelände.

„Kein Zaun wird uns aufhalten", stand auf einer Hausmauer, vor der eine kleine Gruppe Iraker saß. Ein junger Mann begrüßte uns und kam auf uns zu. Wir wichen automatisch zurück. Die Angst vor Plünderern hatte uns vorsichtig gemacht. Papa war ja auch auf seiner Flucht ausgeraubt worden. Der Fremde ließ sich von unserer Reaktion nicht beirren und kam weiter auf uns zu. Einladend zeigte er Raschid ein kleines, rotes Spielzeugauto. Raschids Augen leuchteten, aber nur vorsichtig blieben wir stehen. Der Fremde bot uns heißen Kaffee an. Zögernd nahmen wir die Einladung an. „Es ist schon lange her, seit ich den letzten Kaffee getrunken habe", sagte Hamude. Ich selber trinke ja keinen Kaffee, aber der köstliche Duft von gerösteten Bohnen war auch für mich verlockend. Einige Kisten und Kanister standen rund um die rußige Feuerstelle. Sie dienten den Männern als Sitzgelegenheit. Wir setzten uns zögernd zu ihnen. „Ich bin Karim", meinte der Fremde und lächelte uns zu, wobei er seine blendend weißen Zähne zeigte.
Er erzählte uns von seiner Flucht und seiner langen Reise in die Neue Welt. Mit den Schultern zuckend fügte er hinzu: „Derzeit ist das hier meine Welt, zumindest für die nächsten Wochen, vielleicht sogar Monate. Der Platz rund um das Lagerfeuer, wo wir auf alten Armeedecken schlafen, ist gut", meinte er. „Meine ganzen Sachen habe ich in Plastiktüten gepackt und sie hier auf diesen Baum gehängt. Saubere Kleidung habe ich schon seit Monaten nicht mehr getragen". Ja, tatsächlich, der Baum war bestückt mit bunten Tüten und Klamotten. „Das Holz für unser Lagerfeuer suchen wir uns rund um die alte Ziegelfabrik zusammen. Aus dem alten Brunnen nehmen wir Wasser zum Trinken und Waschen. Das Wasser ist laut Behörde nicht sauber, aber wir haben keine Wahl. Und die Not hier ist nichts im Vergleich zu dem Elend, das wir in unseren Heimatländern erlebt haben", erklärte er uns. „Manchmal kommt einer von der Polizei vorbei und drängt uns zur Weiterreise. Dann gehen wir für ein

paar Tage auf einen anderen Platz. Wenn es regnet, kommen wir wieder hierher zurück. Wir waren schon in Ungarn, aber dort haben sie uns eingesperrt und geschlagen. Irgendwann haben sie uns mit einem Lieferwagen wieder nach Serbien gebracht. Zweimal war ich schon über der Grenze. Jetzt warte ich auf Geld von zu Hause, danach möchte ich nach Holland weiter. Die Nacht verbringen wir meistens in einer der Hallen", erzählte er weiter. Später zeigte Karim uns einen Platz im ersten Stockwerk eines kleinen Nebengebäudes. Es dürfte früher ein Büro gewesen sein. An den grauen Wänden hingen noch alte Regale und große Farbtafeln. In einer Ecke standen einige große Holztische nebeneinander. Dort war es halbwegs müllfrei und wir waren etwas geschützt vor Kälte und vor allem vor den streunenden Hunden. Ein paar von den alten Armeedecken brachte uns Karim später vorbei. „Kommt noch mit zum Eingang der Fabrik", verriet er uns, „wenn wir Glück haben, bringt jemand aus der Bevölkerung Essen vorbei. Versprechen kann ich es nicht", zwinkerte er uns zu. Wartend standen wir in der Einfahrt der Fabrik und hofften auf eine Gabe und Karim hatte Recht.

Ein Bäcker kam abends in die Fabrik und stellte einige Kisten Wasser zum Eingang. Danach verteilte er an alle Anwesenden Brot und hart gekochte Eier. Eigentlich mag ich Eier nicht gekocht, aber wenn man Hunger hat, ist es o.k. Bei uns zu Hause, wenn wir genug Zeit zum Frühstücken hatten, gab es immer gebratene Eier, dazu Oliven und Tomaten. Zusammen mit etwas Joghurt rollten wir alles in die von Mama frisch gebackenen Fladen ein. „Herrlich", dachte ich, während ich versuchte, mich an diesen Geruch zu erinnern. Aber nur die Erinnerung blieb.

Wir waren unsagbar dankbar, dass wir immer wieder Menschen trafen, die uns ein Stück auf unserer Reise weiterhalfen. Noch nie in meinem Leben hatte ich gebettelt. Daher war diese Situation für mich so sehr beschämend, hier zu stehen und auf ein paar Bissen Brot zu hoffen. Dankbar sah ich dem Bäcker entgegen,

der die Brote verteilte. Das Brot schmeckte süßlich und gut. „Alhamdulillah! - Dank sei Gott".
Die Nacht war ruhiger, als ich anfangs erwartet hatte. Mit einer Seite zur Wand gerichtet, stellten wir die großen Tische nebeneinander und legten die Decken darauf, so dass wir ein gemeinsames, großes Bettlager hatten. „Alles ist besser als auf dem Boden zu schlafen", hörte ich Anoschka sagen. In dieser Nacht hatte ich wirklich gut geschlafen.

Über die Grenze nach Ungarn

Roze

Unsere Flucht führte uns sehr zeitig am Morgen wieder aus dem „Dschungel" bzw. der alten Ziegelfabrik hinaus auf die Straße. Karim hätte ich gerne noch einmal gesehen, aber die Zeit drängte und so trennten wir uns ohne Gruß und ohne Abschied. Das Gehen waren wir in der Zwischenzeit schon gewohnt und so kamen wir halbwegs schnell voran. Heute Morgen führte uns der erste Abschnitt des Weges zuerst über eine platt gewalzte Staubpiste. Ausgetrocknete Felder und dürre Bäume säumten den Straßenrand. Drei oder vier Autos überholten uns, aber niemand nahm Notiz von uns. Am Ende des Weges mussten wir eine verdorrte Stoppelwiese und einen kleinen Kanal überqueren. In den Wasserpfützen und ringsherum lagen viele klein zerrissene Papierfetzen. Hamude bückte sich und suchte einige der Teilchen zusammen. „Papiere", meinte er, „Papiere mit Namen und teilweise mit Fotos." „Ja", sagte er, „ich habe schon gehört, dass manche Menschen an der Grenze ihre Papiere vernichten, um dann unter einem anderen Namen oder anderer Staatsbürgerschaft weiterzureisen." Als Syrer hat man bessere Chancen, einen positiven Asylbescheid zu bekommen und so warfen viele Wirtschaftsflüchtlinge aus anderen Ländern ihre eigenen Papiere weg und gaben sich als unsere Landsleute aus.

Die viereinhalb Kilometer bis an die grüne Grenze zu Ungarn hatten wir bald geschafft. Ganz sicher waren sich die Männer aber nicht, ob wir den richtigen Weg eingeschlagen hatten. Waren wir die Einzigen, die hier über die Grenze gehen wollten? Niemand außer uns war zu sehen. Hier war alles ruhig. Von dem 170 Kilometer langen Zaun konnten wir auch nichts sehen. Waren wir hier falsch? Wo sind die anderen Flüchtlinge? Wir wussten es nicht. Hatten wir uns verlaufen?
Es war die Grenze zu Ungarn. Wir waren uns erst in dem Augenblick sicher, als ein Traktor mit ungarischem Kennzeichen hinter uns auftauchte. Ein runzeliger, kleiner Mann versuchte mit unverständlichen Handzeichen etwas zu deuten. Ich dachte zuerst, er wolle uns verständlich machen, dass wir hier so schnell wie möglich verschwinden sollten. Aber wir waren auf einem offenen Feld, das uns keine Versteckmöglichkeit bot. Jetzt war uns der Traktor schon so nahegekommen, dass wir den Gesichtsausdruck des Bauern genauer erkennen konnten. Ich sah seine kleinen, runden Augen, die er verschmitzt noch weiter zusammendrückte. Eine alte Wollmütze hatte er sich bis über beide Ohren gezogen. Sein Mund aber lächelte. Er deutete aufgeregt und winkte uns zu sich. Dann wies er uns an, geschlossen und knapp neben seinem Traktor zu bleiben. Ein Streifenwagen der Grenzpolizei war auf dem Weg, um entlang der Strecke zu kontrollieren. Wenn sie uns fänden, würden sie uns sicher verhaften oder wieder zurück über die Grenze drängen, befürchteten wir. Doch jener Bauer half uns und ließ uns ein Stück versteckt hinter seinem Traktor und seinem großen Anhänger gehen. Der Traktorfahrer gab uns so einige hundert Meter Begleitschutz, dann deutete er auf einen kleinen Waldsaum, der nun die Schutzfunktion übernehmen sollte.
Wir liefen in der Hoffnung, dass uns niemand sehen würde, so schnell wir konnten auf das Waldstück zu. Still und gebückt schlichen wir den Waldrand entlang und tasteten uns zwischen

einigen verfallenen Häusern und alten Scheunen entlang. „Auf der Flucht“ war der passende Ausdruck für unsere heutige Tagesetappe. Wir kletterten über Zäune und Mauern, stiegen über kleine Bäche und sumpfige Auen, denn wir versuchten, so gut es ging, immer im Schutz der Waldgrenze zu bleiben. Ich bewunderte Raschid, dass er mit seinen kleinen Füßchen diese Strapazen so gut überstehen konnte. Kaum einmal hörte ich ihn Murren oder Weinen. Sogar ich musste mich manches Mal zusammenreißen. Daher nahm ich mir den Kleinen zum Vorbild. Ja, es half in so einer Gruppe zu reisen. Ich war stolz auf uns.

Der Bahnhof von Roszke war zu weit weg, um ihn in einem Tagesmarsch zu erreichen. Vor allem mussten wir immer sehr vorsichtig sein, wenn wir ein Grundstück nach dem anderen überquerten. Das Risiko, entdeckt zu werden, war auf diesem Streckenabschnitt sehr groß. Noch immer waren wir uns nicht sicher, ob wir hier auf dem richtigen Weg nach Roszke waren oder ob wir uns verirrt hatten. Hier waren wir auf uns allein gestellt. Versorgungszelte konnten wir auf diesem Weg keine sehen. Und wir trafen auch keine anderen Flüchtlinge. „Wir sind in Ungarn“, sagte Hamude, „das ist das einzig Wichtige“. Diese Nacht schliefen wir vor einer alten Scheune, aber weil keiner ein Auge zudrücken konnte, gingen wir schon zeitig vor Sonnenaufgang wieder weiter.

Auf der Fähre nach Athen

Thulin

Die Sonne war längst schon untergegangen und hatte den Tag zur Nacht verwandelt. Wir warteten am Kai sehnsuchtsvoll auf unsere Fähre, die uns nach Athen bringen sollte. Nur kurz legte unser Schiff im kleinen Hafen an und war nach wenigen Minuten schon wieder auslaufbereit. Müde nahmen wir unsere Sitzplätze ein. Die Sessel waren halbwegs bequem und wir hüllten uns in Tücher und Decken, die wir uns auf der Insel noch besorgt hatten. Kurz darauf war das Schiff auf hoher See. Im Rumpf des großen Bootes spürte man kaum ein Schaukeln, dafür dröhnten die Maschinen. Auf der Fähre waren sowohl Flüchtlinge als auch viele Touristen. Jan hatte sich mit seinen liebevollen dunklen Augen gleich das Herz eines Urlauberpaares erobert, die eine Reihe vor uns Platz genommen hatte. Sie steckten ihm mehrmals einige Süßigkeiten und Kekse zu.

Zärtlich betrachtete ich meine beiden Kinder und sehnte mich nach meiner Roze. „Ich bin stets bereit für meine Kinder alles zu tun, damit es ihnen gut geht. Dieses Gefühl ist tief in meinem Herzen verankert. Ich bin für sie da, was immer auch mit uns jemals geschehen sollte. Jetzt ist die Zeit schwierig, aber ich hoffe, dass wir in Österreich eine neue Lebensgrundlage finden werden."
Wir lagen alle erschöpft in unseren Stühlen. Auch meine Augen fielen zu, nachdem ich sah, dass Jan und Pola sich schon im Reich der Träume befanden. Nach einigen kurzen Zwischenstopps landeten wir am nächsten Tag in Athen. Mariam hatte, wie fast immer, die ganze Fahrt geschlafen. Weder in der Nacht noch tagsüber war sie kaum ansprechbar. Jetzt aber musste auch sie aufwachen und nach vorne in die neue Realität blicken. Mariam hat ein gutes Herz. Aber manches Mal ist sie wie ein Schlafmännchen, oder sagt man Schlafweibchen dazu? Na ja, sie ist meine kleine Schwester und ich musste auch auf sie achtgeben. Waleed hingegen geht seine eigenen Wege, er ist selbstständig genug, um seine eigenen Ziele zu verfolgen. Auch wenn es für Außenstehende so aussah, als ob er als männlicher Begleiter für uns verantwortlich wäre, war doch ich diejenige, die die Fäden zog und Entscheidungen traf. In Syrien ist das nicht immer so.

Viele Frauen haben dort keine Rechte und ihr Weg wird von den Männern vorgegeben. Bei Idris und mir war das von Anfang an anders. Bevor wir heirateten, forderte ich: „Es darf nur eine Frau für dich geben, nur mich alleine, wenn du damit nicht einverstanden bist, heirate ich dich nicht!“ Ja, vielleicht waren wir auch schon eine aufgeschlossenere Generation. Die westliche Welt spielte uns auch andere Lebensmodelle vor, als jene, die bei uns in Syrien gebräuchlich waren. Mit einem Ruck schreckte ich aus meinen Gedanken. Es hieß aussteigen und achtgeben, ob auch alle da waren. Es musste kontrolliert werden, ob auch keine Gepäckstücke irgendwo zwischen den Bänken vergessen worden waren. Ich zählte meine Rasselbande durch. 1-2-3-4. „Alles bereit!“, rief ich und dann strebten wir schon dem Kai entgegen. Ein Bus brachte uns in ein Camp, wo wir unsere Papiere, die wir auf der Insel Chios bekommen hatten, noch einmal vorweisen mussten. Einige Stempel und Unterschriften mehr auf einem Stückchen Papier. „Wozu?“, dachte ich mir. Anscheinend war das aber wichtig für uns und für die Behörden. Mir war alles recht, wenn es nur so rasch wie möglich weiterging. Diese Nacht verbrachten wir in einem Massenlager. Ich vermutete an die tausend Personen lagen in dem großen, grauen Zelt dicht nebeneinander. Es war eine Mischung aus Lärm, Schnarchorgien und üblem Geruch. Wir hatten Feldbetten, aber keine Decken und keine Polster. Pola legte ihre Sandalen unter ihren Kopf und deckte sich mit einem Shirt zu. Bequem sah es nicht gerade aus, aber Pola bestand darauf, dass sie so schlafen möchte. Am nächsten Morgen wurden wir schon sehr zeitig von der Miliz geweckt. Wir mussten unsere Plätze für Neuankömmlinge räumen, sagten sie uns. Man versuchte uns in kleine Gruppen einzuteilen. Zirka fünfzig Personen wurden jeweils zusammengetrommelt und weitergereicht. Dabei gab es bei vielen Gruppen Unruhe, weil dadurch Familien und Freunde getrennt wurden. Auch wir hatten große Angst, getrennt zu werden. Davor hatte auch Idris immer gewarnt. „Bleibt bitte immer zusammen und lass die Kinder nie aus deinen Augen“, bat er mich vor unserer Flucht eindringlich. Jetzt wusste ich, was er damit gemeint hatte. Hier jemanden zu verlieren, hieße so viel wie ihn vermutlich nur sehr schwer wieder zu finden. Instinktiv zog ich Pola und Jan näher an mich heran. Wir mussten uns in Gruppen aufstellen, danach wurden wir den wartenden Bussen zugeteilt. Jeder erhielt eine Nummer und musste diese beim Einsteigen vorzeigen. Wir hatten alle die Nummer 35.

Alle Busse fuhren nach Norden in Richtung Mazedonien. Obwohl wir keinerlei Auskunft erhalten hatten, was jetzt mit uns weiter geschehen sollte, waren wir guter Dinge und vertrauten den Beamten. Nach einigen Stunden Fahrzeit wurde eine Rast eingelegt. „Wo sind wir?“, fragte ich mich und auch Pola begann wieder mit ihrem täglichen Fragespiel. „Mama, wo sind wir, wie weit ist es noch bis Österreich?“ Ich hatte selbst keine Vorstellung von der Größe dieses Landes. Außer in Syrien und in der Türkei war ich noch nirgendwo gewesen. Meine bisher weiteste Reise war die Fahrt mit dem Bus von Istanbul nach Cesme. Nach weiteren drei Stunden Fahrzeit, blieb unser Buschauffeur auf einmal mitten in einem großen Feld, stehen und alle Reisenden mussten aussteigen. Andere Fahrzeuge machten ebenso einen Stopp und der Platz füllte sich bald mit hunderten Menschen. Die Sonne ging allmählich unter, es wurde zunehmend kälter. Der Oktober bescherte uns Temperatursprünge und im Nu war es eiskalt. Obwohl wir alle dicke Winterjacken mitgenommen hatten, konnten wir uns kaum erwärmen. Ich schickte Waleed aus, um Informationen einzuholen. Nach einer halben Stunde kam er mit einer Plastiktüte in der Hand zurück. Er hatte einige Äpfel und ein paar Dosen Fisch besorgen können. Wir teilten das Essen, die Erwachsenen bekamen den Fisch, der von den Kindern dankend abgelehnt wurde. Dafür durften sie unsere Äpfel essen. Etwas später kam ein riesiger Wassertransporter aufs

Feld. Es wurden Kanister und Becher verteilt, genug zum Trinken, doch zu wenig, um sich zu waschen, wobei ans Waschen aufgrund der niedrigen Temperaturen ohnehin nicht zu denken war. Freiwillig würde ich mich hier auch nicht duschen. Ein Problem waren wieder einmal die Toiletten. Weit und breit waren keine zu sehen und das offene Feld bot kaum eine Möglichkeit, irgendwo ein ungestörtes Örtchen zu finden.

Nach den bitterkalten Nachtstunden, die wir sitzend am Feldboden verbracht hatten, begann sich die Menschenlawine wieder zu erheben und weiterzubewegen. Ich weckte meine Kinder und meine liebe Schwester und hielt sie zum Weitergehen an. Waleed nahm den schlafenden Jan auf seine Arme. Der Kleine war nicht wach zu kriegen. Nur einmal drehte er die Augen über, um dann in der nächsten Sekunde auch schon wieder weiterzuschlafen. Mich beruhigte, dass er das alles noch nicht begreifen konnte, was sich hier an Dramatik abspielte.
Eine gute Stunde schleppten wir uns mühsam über ein rotes, lehmiges Feld. Der umgepflügte und ausgetrocknete Acker erschwerte uns die Wanderung und wir kamen nur sehr kräfteraubend voran. Der nächste Abschnitt war eine abgetrennte Autobahn, auf der wir direkt bis zur Grenze weiterkommen konnten. Natürlich zu Fuß, die Busse hatten uns schon gestern Abend den Rücken zugekehrt und waren wieder nach Athen zurückgefahren. Neben dem für uns Flüchtlinge abgetrennten Fahrstreifen fuhren Busse, Taxis und Pkws und natürlich, wie überall, Militärfahrzeuge. Was hätten wir dafür gegeben, mit einem dieser Fahrzeuge ein Stück mitfahren zu können!
Die Menschenmassen wurden immer größer und die Polizei bewachte diese sehr genau. Wir waren knapp vor der Grenze zu Mazedonien. Keinen Meter durfte man sich aus der Reihe bewegen. Stacheldraht am Wegrand grenzte unsere Route ab, Absperrgitter verhinderten ein Ausscheren. Ein lauter Knall erschreckte

uns, weißer Staub wirbelte auf. Menschen schrien verzweifelt. Wir hörten einige Schüsse. Eine Gruppe Afghanen wurde von Polizisten mit Tränengas zurück in die Reihe gedrängt. Schützend zog ich meinen Kindern die Kapuze über das Gesicht, was aber leider nichts mehr nützte, denn das Tränengas war auch bis zu uns vorgedrungen. Zwei Sanitäter kamen auf die Gruppe zu und verhandelten mit den Polizisten. Dann nahmen sie drei der Afghanen in ihre Obhut. Obwohl dieser Vorfall meine Adrenalinausschüttung in die Höhe schießen ließ, war ich auch gleichzeitig froh zu wissen, dass wir in unserer Not nicht ganz alleine waren. Den Sanitätern und Hilfskräften waren wir sehr dankbar, dass sie sich für uns Flüchtlinge einsetzten. Sie gaben uns ein bisschen das Gefühl von Menschlichkeit und Schutz in dieser so brutalen Situation.

Grenze zu Mazedonien

Thulin

Tausende Menschen standen wartend hinter den hohen Absperrgittern, sie wurden nur in kleinen Gruppen von der Polizei weitergelassen. Dieses Prozedere dauerte ewig. Männer saßen auf ihren Rucksäcken und warteten. Babys lagen in den Armen ihrer Mütter, schrien und weinten unentwegt. Kleinkinder liefen schmutzig und strubblig durch die Gegend, manche sogar ohne Schuhe. Die Hilfsorganisationen (NGO's) verteilten Essen. Wir stellten uns an und bekamen Bananen, Saft und Toastbrot.
„Ist hier schon Mazedonien oder noch Griechenland?", wollte jemand neben mir wissen. Einer der NGO-Leute nickte nur und sagte: „Yes, Mazedonien-Griechenland. "Ich wusste, dass wir jetzt an der Grenze zu Mazedonien waren, aber ich hätte gerne gewusst, ob wir uns hier schon wieder außerhalb der EU oder noch immer auf griechischem Boden befanden. Wo

die eigentliche Grenze war, konnten wir nicht genau erkennen. Wir mussten mehrere Übergänge durchschreiten. Die vielen Polizisten, die mit ihren Schlagstöcken alle Menschen, die sich zu auffällig und zu weit weg bewegten, in die Reihen zurückdrängten, waren auch mit Pistolen bewaffnet. „Würden sie ihre Waffen benutzen?", fragte ich mich. Wenn jemand aus der Reihe ausbrechen sollte, würden sie dann auf ihn schießen? Ich hatte keinen Zweifel daran, zu viel Gewalt hatte ich schon gesehen. Einige der hartgesottensten Flüchtlinge hatten sich aus Protest, weil man ihnen den Übertritt nicht gewährte, ihre Lippen mit einem Faden zugenäht. Iraner, die am Bahngleis im Niemandsland standen, hatten auf ihre nackten Oberkörper die Worte „Freiheit, Iran" geschrieben. Damit hofften sie mehr Aufmerksamkeit zu erlangen und mit Hilfe der Medien Druck auf die Regierungen aufbauen zu können.
Wir gingen so schnell wie möglich weiter. Diesen Anblick wollte ich meinen Kindern nicht zumuten. Sie hatten schon genug Leid und Gewalt gesehen. Ich zog an Polas Hand und gab auch Waleed ein Zeichen, einen großen Bogen um die Gruppe zu machen. Die Kinder hatten diese Szene nicht bemerkt. Ich war dankbar dafür, denn Pola würde mich sonst sicher wieder stundenlang mit Fragen über das Warum, Wieso und Wozu überschwemmen. Was könnte ich ihr auch antworten? Ich hatte ja selbst keine Antworten auf diese Fragen. Ich konnte nur versuchen zu verhindern, dass sie solche abscheulichen Dinge sahen. Die Kinder durften diese aufgeheizte Stimmung und den Ernst der Lage nicht so direkt spüren. Das war meine Aufgabe. Es war ja ohnehin schon genug, was sie durchmachen mussten. Für sie sollte es ein Abenteuer sein und kein Überlebenskampf.

Wir kamen flott voran. Erst am Montagmorgen hatten wir die Grenze zwischen Griechenland und Mazedonien überquert. Dann fuhren wir mit dem Zug auf direktem Wege durch

Mazedonien in Richtung serbische Grenze. Anschließend wurden wir mit dem Bus ins zehn Kilometer entfernte serbische Registrierungslager Presevo gefahren und am späten Montagnachmittag bestiegen wir den nächsten Bus, der uns weitere 380 Kilometer nach Norden in die serbische Hauptstadt Belgrad bringen sollte. Belgrad, die Stadt, aus der ich das letzte Lebenszeichen von meiner kleinen Roze bekommen hatte. Wo sie jetzt wohl sein mochte? Ob sie etwa schon in Österreich war? Es gab hier kein Netz, keinen Empfang, aber auch unser Akku war leer. Wie gerne hätte ich ein paar Zeilen mit Idris gewechselt.

Es ist Rushhour auf der Balkanroute

Thulin

„Die Reisezeiten haben sich extrem verkürzt", erzählte uns ein deutscher Journalist, der sehr gut Arabisch sprach. Er machte ein paar Fotos von uns, eines von Jan, wie er gerade aus einer Wasserflasche trank und ein paar von unserer Familie. Der Journalist war freundlich und hilfsbereit. Er erklärter uns, warum der Weitertransport über die Balkanroute jetzt immer schneller ginge. Jeder Staat wollte die Flüchtlinge so schnell wie möglich wieder loswerden und so würden sie von einem Land zum anderen weitergetrieben. Ungarn wollte keine Flüchtlinge mehr ins Land lassen und hatte die Grenze zu Serbien fast lückenlos geschlossen. Er gab uns die wertvolle Information, dass es nicht mehr ratsam sei, nach Ungarn einzureisen, denn selbst die Ausreise aus Ungarn nach Österreich sei nicht mehr gewährleistet. Er erzählte, dass Ungarn nicht gerade zimperlich mit den Flüchtlingen umgehe und dass viele tagelang in den Camps eingesperrt verharren müssten. „Mein Gott, Roze", seufzte ich.
„Fiamman Illah! – Im Schutz Gottes oder Gott beschütze dich!"

Belgrad am 29.10.2015

Thulin

Heute ist der 13. Geburtstag meiner Großen, wie ich sie manches Mal liebevoll nenne, Pola, meiner Seele Augenstern.
Vor einem Jahr hatten wir noch mit Papa zusammen ihren Geburtstag gefeiert. Es war ein wunderschöner Herbsttag, den wir tagsüber am Strand und später im Freizeitpark Miniatürk verbrachten. Wie gerne würde ich ihr auch heute einen schönen Tag bereiten. „Nicht einmal ein Geschenk habe ich für dich, nur einen Kuss und das Versprechen, dass ich alles tun werde, damit alles wieder gut wird. Das ist alles, was ich dir, mein Schatz, heute geben kann. Happy Birthday, meine Große", sagte ich zu ihr und nahm sie liebevoll in meine Arme.

Pola sah mich mit ihren großen, dunklen Augen verzeihend an. „Macht nichts, Mama", sagte sie zu mir, „dafür feiern wir dann meinen 14. Geburtstag mit Papa und Roze zusammen".
Einen Tag später gab es dann doch eine Überraschung für Pola und uns. Wir waren noch in Serbien und dieses Mal in einem gut organisierten Camp untergebracht. Wir hatten sogar Strom und konnten unsere Handys laden. Waleed kaufte in einem kleinen Shop eine Sim-Karte. Wir schickten ein paar Fotos über WhatsApp an Idris, damit er wusste, dass es uns gut ginge. Von Roze hatten wir leider noch immer nichts gehört, ich machte mir Sorgen um sie.

Das Camp war wie überall auf der Strecke überfüllt und die Menschen waren gereizt und übermüdet. Als wir gerade dabei waren, unsere Schlafplätze zu belegen, ertönte plötzlich ein lustiges Lied über eine Lautsprecheranlage. Zuerst hörten wir nur eine fröhliche Stimme, deren Ansage wir aber nicht verstehen konnten. Wir bemerkten, dass viele Leute nach draußen auf den großen

Platz drängten und schlossen uns neugierig der Menge an. Eine Gruppe Clowns in bunten Anzügen tanzte auf dem großen Platz vor dem Hauptzelt. Auf ihren Nasenspitzen steckten rote Bälle und in ihren Koffern warteten viele Spielsachen, mit denen sie nacheinander die verschiedensten Kunststücke vorführten. Kleine, bunte Bälle wurden in die Luft geworfen. Gekonnt spielte einer mit vier Bällen gleichzeitig, wobei er so geschickt jonglierte, dass keiner auf den Boden fiel. Die Kinder hatten Spaß daran und lachten und lachten. Für ein paar Augenblicke waren alle Strapazen vergessen. Waleed sagte zu Pola: „Oh, heute ist der Clown gekommen, ich hatte ihn doch für gestern bestellt" und zeigte dabei einladend auf einen Clown. „Pola, für dich zum Geburtstag und alles Gute, dein Onkel" Wir lachten herzlich. Ja, das war der schönste Tag unserer beschwerlichen Reise. Es war wie Sonnenschein nach einem Sturm in unseren Herzen. Wir blieben noch am Platz stehen, als die Clowns schon ihre Sachen verstauten, denn Jan wollte nicht gehen. „Bitte, bitte schauen", flehte er und war nicht mehr von der Stelle wegzubekommen. Ein Clown kam auf uns zu und wir durften ein paar Fotos mit ihm machen. Jan schlüpfte dazu in eine große Clowns-Jacke und genoss diese Verkleidung.

„Heute ist ein guter Tag", dachte ich mir. Gut zum Ausrasten und ein bisschen Druck ablassen. „Wir müssen uns alle ausschlafen", denn gleich zeitig in der Früh sollte es wieder weitergehen, weiter in einen ungewissen Abschnitt. Wie wir gehört hatten, sollte unser Bus Nr. 35 morgens nicht nach Ungarn fahren, denn die Grenze sei in der Zwischenzeit lückenlos geschlossen worden. „Sie bringen uns an die kroatische Grenze", hatten einige behauptet.

Im Camp tauchten immer wieder Männer auf, die sich uns aufdrängten, um mit ihren Taxis weiterzufahren. Schon von Presevo an hatte man uns die Fahrt in den Norden angeboten, zuerst mit einem Kleinbus nach Belgrad um 120 Euro und dann weiter bis an die Grenze nochmals um 250 Euro pro Person. „Kleine Kinder sind frei", begannen sie mit uns zu verhandeln. Doch 1500 Euro waren deutlich mehr als wir hatten. Außerdem brauchten wir die wenigen noch verfügbaren Euros. Ich wollte auch nicht ohne Geld in Österreich ankommen. Vielleicht mussten wir dort nochmals Fahrkarten kaufen. Einen kleinen Sicherheitspolster musste ich zurückbehalten.

„Wir fahren mit dem Bus", war daher unsere einstimmige Meinung, was anderes wollten wir uns nicht leisten, auch wenn die Flucht dadurch noch ein paar Tage länger dauern würde.

Thulin mit Familie in Kroatien

Thulin

Der Bus Nummer 35 brachte uns direkt zur nördlichen Staatsgrenze von Serbien. Nachdem uns das kroatische Militär übernommen hatte, verfrachtete es uns sogleich in eine große Lagerhalle. Die Nacht verbrachten wir dort wieder zusammen mit hunderten anderen Lands- und Fluchtgefährten. Es war bitterkalt und wir versuchten uns vorerst an einem kleinen Lagerfeuer etwas zu wärmen. Das Lagerfeuer wurde von einigen Flüchtlingen am Brennen gehalten, aber schon nach einer Stunde kam ein kroatischer Offizier und befahl, das Feuer wieder zu löschen. Enttäuscht ließen wir uns in die Halle treiben.

Wir versuchten die Nacht halbwegs gut zu überstehen und trösteten uns mit der Hoffnung, dass es vielleicht morgen besser sein würde. Aber es wurde nicht besser, es wurde von Tag zu Tag unerträglicher.

Fussweg durch Kroatien

Thulin

Wir wurden in Gruppen zu fünfzig Personen mit zwei Militärbegleitern zu Fuß nach Norden getrieben. Der erste Streckenabschnitt war besonders anstrengend, da er uns immer leicht bergauf führte. Wie in Trance gingen wir stundenlang im Gleichschritt. Eingezwängt bewegten wir uns, wie schon so oft in den letzten Tagen, gefangen in einer Menge, die weder rechts noch links ausweichen durfte. Immer weiter führte uns unser Kommandant, der bewaffnet und mit strengem Ausdruck unsere Gruppe leitete. Ich spürte, dass für die kroatische Miliz nur eines wichtig war, nämlich uns so schnell wie möglich wieder loszuwerden. Ein kurzes Ausrasten wurde uns genehmigt, dann schrie unser Begleiter gleich wieder: „Aufstehen, weitergehen!", und nach einer Stunde hielt er uns mit dem Wort „Stopp!" wieder für eine kurze Rast an.

Gefügig gingen wir weiter. Jan war, noch während er auf den Schultern von Waleed saß, eingeschlafen. Damit er nicht herunterfallen konnte, hatte ich ihn sicherheitshalber mit einem Tuch auf den Schultern meines Bruders festgebunden. Der Rucksack gab Jan von unten Stütze und so konnte wenigstens er sich ein bisschen ausrasten. Dankbar sah ich meinen Bruder an und nickte ihm zu. „Alles o.k., Schwester?", fragte er. Wie so viele zigtausend andere junge Männer war auch er aus seiner Heimat geflohen, weil er nicht in den Krieg ziehen und an der Front kämpfen und sterben wollte. Jetzt kämpfte er für mich und unsere Familie. „Es ist besser, sich hier und jetzt durchs Leben zu schlagen, als in der Heimat auf eigene Landsleute, womöglich sogar auf die eigene Familie schießen zu müssen", versicherte er mir.
Früher in Syrien hatte Idris ein wohlwollendes Auge auf Waleed geworfen. In der Fabrik, in der mein Mann über 15 Jahre als

erster Vorarbeiter gearbeitet hatte, besorgte er ihm einen Job als Näher. Wir halfen uns immer gegenseitig. „Das ist Familie", dachte ich dankbar.

Pola versuchte tapfer an meiner Seite Schritt zu halten. Der Weg war lehmig und matschig. Ihre Jeans war dreckig vom Schlamm, der ihr manchmal bis über die Knie ging. Von unseren Schuhen sahen wir kaum noch etwas. Sie hatten dieselbe Farbe angenommen wie der Boden unter unseren Füßen. Durch Dreck und Matsch wurde jeder Schritt mühsamer und beschwerlicher. Ich sah es ihr an, wie müde und ausgelaugt sie war, aber sie kämpfte sich tapfer durch. „Meine Große", dachte ich mir, „ich bin so unheimlich stolz auf dich".

Schweigend ging Mariam neben mir. Schon seit zwei Tagen hatte sie fast kein Wort mit uns gewechselt. Ich merkte, dass sie mit ihren Kräften am Ende war. Auch wenn es unmenschlich große Anstrengungen von uns abverlangte, waren wir auf dem richtigen Weg und bald, vielleicht schon in einigen Tagen, sollten wir wieder vereint sein. „Idris, in all meinen Nächten und Träumen, bei jedem Schritt, den ich dir entgegengehe, sehe ich dein Lachen und deine dunklen Augen, die mich liebkosen. Bald können wir uns wieder in den Armen halten. Ja, bald sind wir wieder zusammen, Roze, Pola, Jan und wir beide. „Allah Yahmina - Gott beschütze uns!", diese Gedanken gingen mir pausenlos durch den Kopf.

Solange ich mich zurückerinnern konnte, war Idris schon immer ein Teil meines Lebens gewesen. Viele Feste feierten wir gemeinsam im Kreise unserer Familien. Meine Onkel und Tanten und die ganze Schar an Kindern war eine Welt, die mir immer vertraut und lieb war. Da war immer mächtig viel los. Ich alleine hatte schon zehn Geschwister, dann kamen noch die Ehepartner und alle Kinder dazu.

Mein Vater, Gott hab ihn selig, sagte immer: „Je größer die Familie, umso stolzer können die Großeltern und Eltern sein". So war

ich immer eingebettet in unseren Familien-Clan und dadurch hatte ich gleichzeitig jede Menge Freunde und Spielgefährten. In der Zeit, als ich selber noch ein kleines Mädchen war, trug ich mit Vorliebe geflochtene Zöpfchen, die ich immer mit bunten Schleifen schmückte. Und Idris hatte auch eine Vorliebe für meine Zöpfchen. Denn immer, wenn wir uns sahen, begrüßte er mich, indem er mich an meinen Zöpfen zog. Es war nur eine Neckerei unter Kindern. Heute würde ich Idris als Jugendfreund bezeichnen. Irgendwann nach seinem 16. Geburtstag ging er nach Libyen, um dort in einer Näherei zu arbeiten. Er war schon ein Mann, zumindest in meinen Augen, ich noch ein Kind von knappen 12 Jahren. Nur ein- oder zweimal hatte ich ihn in den darauf folgenden Jahren bei einem Besuch unserer Familien wieder gesehen.
Meine Mädchenjahre verstrichen eher ereignislos. Der Schulbesuch und der Haushalt waren mein Aufgabenfeld. Ich hatte zehn kleinere Geschwister und meine Mutter erwartete von mir Unterstützung. Die Jahre vergingen und so wurde auch ich langsam vom Mädchen zur Frau.
Bei uns in Syrien wird man als Frau angesehen, sobald ein Mädchen seine körperliche Reife erreicht hat. Somit begann dann auch die Zeit, wo sich meine Eltern um einen Ehemann für mich umsahen. In erster Linie kommt dabei immer jemand aus der Verwandtschaft in Frage. Das ist bei uns so Sitte.
Wir pflegten ja auch nicht so viel Kontakt nach außen und für unsere Eltern war es üblich, dass sie bei der Auswahl des Partners einen entscheidenden Einfluss ausübten. Aber ich konnte mir gar nicht vorstellen, einen Mann zu heiraten und eine Familie zu gründen. Erst als Idris von seinem Auslandsjob wieder zurückgekommen war, erwachte in mir eine noch nie dagewesene Lebensfreude. Ich freute mich auf die gemeinsamen Feste und auf das Wiedersehen mit Idris. Diese Freude drückte sich immer mehr mit Herzklopfen und Schmetterlingen im Bauch

aus. Idris machte mir heimlich kleine Geschenke und als mein Herz dann richtig Feuer fing, wusste ich, dass ich nur ihn zum Mann wollte. „Idris ist klug, gutmütig, liebenswert und auch ein bisschen romantisch", dachte ich mir und meine Eltern mochten ihn auch. Dass ich verliebt war, wollte ich aber niemandem verraten. Als mein Vater mich eines Tages fragte, was ich von Idris halte und ob er als Anwärter in Frage käme, antwortete ich: „Oh Papa, wie du meinst, das überlasse ich dir, Papa." Dabei zitterte ich wie Espenlaub. Idris wurde offiziell von meinen Eltern zum Tee eingeladen. Meine Aufgabe war es, den Tee zuzubereiten und Früchte und Gebackenes aufzuwarten. In meinem Inneren war ich nervös und aufgewühlt, ich wollte alles gut und richtig machen. Leider vergaß ich dadurch, die vorbereitete gut gefüllte Zuckerschale auf Idris' Tablett zu stellen. Mein Vater gab mir mit einem mahnenden Blick zu verstehen, dass etwas fehlte. Erschrocken sah ich in Idris' Augen. „Hatte ich jetzt alles vermasselt?", fragte ich mich. Noch bevor ich reagieren konnte, meinte Idris, dass er seinen Tee ohne Zucker trinke. Ich atmete entspannt auf. Das war allerdings wirklich das einzige Mal, dass er seinen Tee ohne Zucker trank. Drei oder vier Löffel Zucker sind bis heute noch sein Minimum. Wenn niemand zusieht, nimmt er auch schon mal fünf Löffel. Nach drei Monaten wurde unsere Verlobung bekanntgegeben. Ein gutes Jahr nach unserer Hochzeit erblickte Pola das Licht der Welt. Pola, unser Sonnenschein, ihre Geburt hatte uns überglücklich gemacht. Unsere Familie sollte wachsen und so wünschten wir uns, wie wir es auch bei anderen Familien sahen, mindestens vier Kinder. Idris neckte mich auch manchmal mit dem Wunsch nach sieben Kindern. Für Familien mit sieben Kindern gibt es in Syrien viele Vorteile, wie zum Beispiel freie Zugs- und Busfahrten. Auch Vergünstigungen in Schulen und öffentlichen Ämtern konnte man genießen. Auf unsere drei großartigen Kinder waren wir immer sehr stolz und sie gaben mir während des Krieges zu Hause und jetzt auf der Flucht immer viel Kraft. Die Flucht mit sieben Kindern könnte ich mir jedoch unmöglich vorstellen, weder finanziell noch organisatorisch. Pola war schon groß und selbstständig, dennoch fragte sie mich jeden Tag mehrmals, wann wir endlich da wären, oder wo Österreich sei. Jan mit seinen zarten Beinen brauchte noch viel mehr Unterstützung, auch körperlich. Es war gut, dass meine beiden Geschwister mit uns diese ungeplante Reise mitmachten. Waleed, der Jan immer wieder auf seine Schultern nahm und ihn ein Stück trug, wenn es für den Kleinen zu anstrengend wurde und Mariam, die stets Ausschau hielt, wo es für uns Verpflegung oder Wasser geben könnte. Auf unserer Flucht sahen wir immer wieder viele erschöpfte Frauen mit Babys und kleineren Kindern, die mühsam versuchten, weiterzukommen. Ich bewunderte diese Frauen, aber ich beneidete sie nicht. Denn sie mussten enorme Strapazen auf sich nehmen, auch wenn sie von vielen Menschen Unterstützung erfuhren. Nachdenklich stapften wir weiter in dem Matsch und Dreck, der sich unter den Füßen zu einer Schlammstraße vermischt hatte. Der Tag wollte gar nicht enden und ich fühlte mich kraftlos, so als ob ich eine Nacht übersprungen hätte. In meinem Kopf dröhnte es laut, nur aus Rücksicht auf meine Kinder sagte ich niemandem, wie schlecht es mir in Wahrheit ging. Auch in der Nacht drehte sich noch alles weiter in meinem Kopf. Die ganze Verantwortung für meine Familie wurde mir einfach zu viel und ich wusste nicht, ob ich das bis nach Österreich durchhalten konnte. „Ich schaffe es“, murmelte ich immer und immer wieder vor mich hin. „Ich schaffe es“. Auch in der folgenden Nacht prägte ich mir meinen Leitsatz immer wieder ein.

Viel zu früh wachte ich auf, ich wusste gar nicht, ob ich richtig geschlafen oder nur so dahingedöst hatte. Müde drehte ich mich nochmals auf die Seite. Neben mir lag Jan auf der einen und Pola auf der anderen Seite. Wir schliefen irgendwo neben einer Straße. Ich hatte Jan in eine große, schwarze Plastiktüte gesteckt,

so als hätte er einen Schlafsack. Um die Nacht zu überstehen, zogen wir alles an, was wir an Kleidung besaßen. Eingewickelt in die schon schmutzigen Decken, die wir uns teilten, lagen wir eng beisammen, um uns gegenseitig zu wärmen.
Im Schein der Morgendämmerung betrachtete ich die Gesichter meiner beiden Kinder und wünschte gleichzeitig, dass auch Roze bei uns wäre.

„Roze und ich sind jetzt in Ungarn",

hat Hamude heute Morgen in einer Mitteilung geschrieben und dass es ihnen halbwegs gut gehe. Aber was bedeutete halbwegs? Selbst ich hätte nie gedacht, dass es so hart und anstrengend werden würde. Pola räkelte sich neben mir. „Mama, wo sind wir?", fragte sie leise. „Noch in Kroatien, mein Kind, aber bald, bald schon werden wir in Österreich sein", antwortete ich ihr aufmunternd. „Nur noch ein paar Tage, wir schaffen es", sagte ich und versuchte dabei überzeugend zu klingen.

Mit Idris im Transitquartier Klagenfurt

Kornelia

Idris lief seit Tagen im Kreis und war nicht wirklich ansprechbar. Er war nervös und ruhelos, ständig ging er neben mir hin und her. Das Einzige, was ihm jetzt die Zeit zu überbrücken half, bis er seine Familie wieder in die Arme schließen konnte, war die Arbeit im Camp. Jedes Mal, wenn ein Bus mit neuen Flüchtlingen eintraf, war er der Erste, der am Eingang stand, um weitere Informationen über die Fluchtroute einzuholen. Kam jemand aus Ungarn oder wie sah es an der Grenze zu Nickelsdorf aus? Nur diese Fragen beschäftigten seine Gedanken. Idris schleppte freiwillig die großen, Mülltonnen auf den Vorplatz und trug die schweren Wasserkanister in die Versorgungsstation. Um sich abzulenken, machte er sich nützlich, wo er nur konnte.

GEDANKEN

Kornelia

Kaum ein Tag verging, an dem wir im Fernsehen nicht irgendeinen Sonderbericht oder eine Reportage über die Balkanroute sahen. Die österreichische Regierung und die EU berieten und besprachen, wie es weitergehen sollte. Doch die Politik war zu langsam und der Menschenstrom zu groß. Angela Merkel, die deutsche Bundeskanzlerin, hatte vielen Flüchtlingen Hoffnung gemacht. Könnte die EU diese Hoffnungen erfüllen? Ging es um Menschenrechte oder nur um humanitäre Hilfe? Die Lager spalteten sich, nicht nur die politischen. Einige Bekannte meldeten sich nicht mehr bei uns, seit wir aktiv bei der Flüchtlingsbetreuung mitwirkten. Wir hatten aber auch keine Lust uns dafür rechtfertigen zu müssen, wenn wir Menschen, die unschuldig in Not geraten waren, helfen wollten. Wir konnten nur unserem Herzen und unseren Gefühlen folgen.
In einigen Wochen war Weihnachten. Ich erinnerte mich an früher, als ich noch ein Kind war, da sangen wir zuhause ein Lied über die Herbergssuche. Heute, 2000 Jahre später haben wir die Herbergssuche direkt vor unserer eigenen Haustüre. „Wie könnte ich jemals dieses Lied wieder singen, wenn ich jetzt meine Türen verschließe und das Leid auf der Straße lasse", dachte ich.
Wir halfen und wollen es weiterhin so halten, weil wir die Zeit überbrücken wollten, bis es eine gute Regelung für die Flüchtlinge geben würde. Niemand sollte unter Lebensgefahr auf der Flucht sein, wie es bei den illegalen Bootsüberfahrten der Fall war. Und schon gar niemand auf unserer Welt sollte durch Hunger oder Durst sterben müssen. Wenn ich die Menschen sah, die müde und gebrochen aus

den ankommenden Bussen stiegen, wenn ich merkte, wie dankbar sie waren, für das bisschen Lebenswärme, die wir ihnen hier in unserem Camp bieten konnten, dann wusste ich, dass mir das Leben auch eine Rolle zugeteilt hatte. Eine Rolle, die mir eine Antwort auf den Sinn meines Daseins geben konnte. Aber jetzt holten mich meine Gedanken wieder zurück zu den praktischen Dingen im Alltagsleben. Etwas, was mir heute noch große Sorge bereitete, war das Paket an Idris. Es lag immer noch beim Zoll oder bei der Spedition. Bernhard hatte einige Male versucht, sich telefonisch Klarheit zu verschaffen, aber wir waren noch nicht weitergekommen. Nach mehrmaligen Versuchen gelang es doch, die Ursache herauszufinden. Die Auflistung der sich im Paket befindlichen Artikel war anscheinend zu ungenau und so mussten wir die Packliste noch einmal überarbeiten. Ich hoffte, dass das Paket noch vor Roze ankommen würde und dass ihre Papiere in Ordnung wären.

Roze in Ungarn

Roze

Am Bahnhof in Roszke mussten wir uns registrieren lassen und bekamen von der Grenzpolizei eine Zuteilung zu einem Aufnahmelager und einen Fahrschein für den Transport. Bis zu unserer Abfahrt standen wir eingezwängt, wie in einem Käfig, hinter meterhohen Absperrgittern. Wer sich auffallend benahm, wurde von der Polizei herausgeholt und verprügelt. Manche wurden auch abgeführt. „Almanya, Almanya“, riefen sie verzweifelt. „Wir müssen stark bleiben“, sagten wir uns, „wir müssen weiter nach Sopron“. Auch wenn Sopron ein weiteres ungarisches Aufnahmelager war, so lag es doch nahe an der Grenze zu Österreich. Das Warten war mühsam. Irgendwann warfen Polizisten Semmeln und Brotstücke über die Absperrgitter direkt auf unsere Köpfe. Viele Flüchtlinge begannen sich um das spärliche Essen zu raufen. Ich hatte Angst von jemandem getreten oder geschubst zu werden und drängte mich dicht an meine Begleiter. Für die Polizisten war es ein vergnügliches Spiel, für uns war es bitterster Überlebenskampf. Saradaschdi versuchte zuerst für uns einige Semmeln zu ergattern, hatte aber leider kein Glück. Diese künstlich erzeugte Balgerei war ihm zu gefährlich, er wollte nichts riskieren. Lieber einen Tag ohne Essen, dafür aber ein sicheres Weiterkommen.

Später wurden wir in einen Bus gestopft. Alle Sitzplätze waren schon belegt, auf den meisten Bänken saßen drei Personen. Danach wurde auch der Mittelgang noch aufgefüllt. Niemand im Bus konnte sich rühren. Anoschka übergab Saradaschdi vorsichtshalber das Baby. Sie hatte Angst um Lorin, der wieder wie verrückt schrie. Raschid, der schon einiges an Gewicht verloren hatte und somit ein Fliegengewicht war, durfte auf dem Schoß eines Mannes sitzen. Wir alle mussten die gesamte Strecke stehen. Die Fahrt dauerte drei Stunden und es gab keinen Stopp dazwischen.

Wir waren nie in Sopron angekommen, wie man es uns versprochen hatte. Irgendwo in der Nähe von Györ wurden wir wieder hinter eine Abzäunung gedrängt. Unser Trost war, dass uns nur noch siebzig Kilometer von der österreichischen Grenze trennten. In meiner kindlichen Denkweise hatte ich aber keinerlei Ahnung, wie groß Österreich war und wie weit ich noch fahren musste, bis ich mein Ziel erreichen würde. Irgendwie hoffte ich immer, dass mein Papa direkt an der Grenze stehen und dort auf mich warten würde.

In Györ waren wir wieder eingekreist von Polizisten und die ließen niemanden weiter. Dasselbe Spiel wie gestern Abend begann. Sie warfen uns Brot und Obst zu, so als wären wir in einem Affenkäfig. Wir hatten nun schon seit zwei Tagen nichts mehr gegessen. Der Hunger vergeht, wenn man ein paar Tage lang nichts isst, das hatte ich schon bemerkt, aber ich wurde auch schwächer und war ständig müde und hustete wieder

erbärmlich. „Durchhalten", sagte Hamude zu mir, „bald haben wir es geschafft".
Die Nacht verbrachten wir stehend in dem Käfig. Als ich ganz müde war, hockte ich mich auf den Boden und legte den Kopf auf meine Knie. Schlafen konnte ich nicht, aber irgendwie musste doch die Zeit vergehen. Es war bitterkalt und ich fror fürchterlich in dieser Nacht. Noch vor der Morgendämmerung hörten wir aus dem oberen Teil des Camps Unruhen. Anfangs vernahmen wir nur ein gleichmäßiges Klopfen mit Eisenstangen oder Metallgegenständen. Das Klopfen wurde immer heftiger und rhythmischer. Die Menschen begannen zu schreien und rüttelten an den Gittern. Eine brodelnde Masse von Menschen drängte auf den Platz hinaus. Die Gitter wurden entweder geöffnet oder waren durch das Rütteln umgefallen. Auch wir zogen mit dem Sog der Masse mit, wir hätten auch gar nicht anders reagieren können, die Menschenmenge hätte uns überrollt, wären wir hier stehen geblieben. Wir waren auf der Straße. Keine Polizei hielt uns auf. Eine lange Reihe von Menschen bewegte sich in nur eine Richtung, in Richtung Freiheit.
Wir waren bemüht, den Anschluss an die Gruppe nicht zu verlieren und so folgten wir ihr eilenden Schrittes. Hie und da sahen wir Polizisten stehen, aber sie reagierten nicht auf uns. Sie ließen uns gehen. Wir gingen den Rest der Nacht, zuerst mitten durch die Stadt und dann weiter entlang der Autobahn Richtung Österreich. Manche Gruppen riefen im Takt der Schritte „Al-man-ya, Al-man-ya, Al-man-ya!" Sie gingen schnell und wir bemühten uns, mit ihnen Schritt zu halten. Unsere Rucksäcke waren so schwer, sodass wir alles, was wir nicht mehr unbedingt brauchten, auf der Straße zurückließen.
Die Sonne erhellte allmählich den Himmel, ließ sich aber selber nicht blicken. Regen tröpfelte auf uns nieder. An manchen Stellen standen ungarische Landsleute mit Essenspaketen und heißem Tee. Es war, als ob Gott unsere Gebete erhört hätte. Beflügelt von

diesen wohltuenden Gesten schritt ich weiter. Auch wenn meine Füße brannten und schmerzten, jetzt wo das Ziel so knapp vor meinen Augen war, nahm ich darauf keine Rücksicht. Bis um die Mittagszeit gingen wir ohne große Pausen direkt die Autobahn entlang. Schon längere Zeit war mir aufgefallen, dass uns kein Auto mehr überholte. Zu unserer Überraschung kamen dann nachmittags einige Busse, die uns zuerst langsam überholten, bald aber bemerkten wir, dass die Busse entlang der Fluchtstrecke stehen blieben und viele Flüchtlinge aufnahmen. „Werden wir jetzt wieder zurückgebracht", war natürlich unsere erste Frage? Angst und Unsicherheit ließen uns langsamer werden. „Es sind österreichische Busse!", rief jemand, „sie kommen, um uns zu holen". Nicht alle wagten einzusteigen, aber wir hatten ein gutes Gefühl und nahmen dieses Geschenk an.

Roze in Österreich

Roze

Ich war dankbar für jeden Kilometer, den ich wieder mit dem Bus zurücklegen konnte. Leider durften uns die Busse nicht über die Grenze bringen, auch jene nicht, die ein österreichisches Kennzeichen besaßen. Sie würden sich dabei strafbar machen. Daher mussten wir noch einmal zurück auf die Straße und die letzten Meter über die Grenze nach Österreich zu Fuß zurücklegen. Aber dahinter war Österreich, was machten mir da die paar Meter oder Kilometer noch aus, wir waren fast am Ziel.

Vor Freude und Aufregung vergaß ich meinen Hunger, meinen Durst und die bittere Kälte, die mich seit Tagen quälte. "Nemsa, mein ersehntes Ziel, Nemsa-Österreich, ich bin vor deinen Toren", jubelte ich aufgeregt. „Papa, wo bist du, ich bin angekommen, ich habe es geschafft!", rief ich in freudiger Erwartung. Wir standen vor dem Grenzschild Nickelsdorf. Damals konnte ich die Buchstaben noch nicht lesen. In der Schule hatten wir zwar das englische Alphabet gelernt, aber die Reihung der Buchstaben ergab für mich keinen Sinn.

In kleinen Gruppen wurden wir über die Grenze geführt. "Refugees welcome" konnte ich mühevoll auf einem Plakat lesen. Jetzt waren wir in Österreich, mein Herz flatterte. Einige Menschen kamen uns entgegen und legten uns Decken über die Schultern. Irgendjemand drückte mir einen Becher heißen Tee in die Hand. Gleich nach der Grenzstelle standen große Zelte, in denen wir eine warme Suppe bekamen. Es war die erste Mahlzeit seit Tagen. Mein Körper war ausgelaugt und müde. Es tat gut, ich hatte das Gefühl, dass die Menschen gut zu uns waren. Anders als in Ungarn waren die Menschen hier fröhlich und freundlich. Raschid aß gleich zwei Teller Suppe, danach sank er auf der Sitzbank zusammen und schlief auf der Stelle ein. Er wäre wie ein Stock umgefallen, wenn ihn Saradaschdi nicht aufgefangen hätte.

Die Nacht verbrachten wir zwar wieder in einem Camp, aber wir hatten Feldbetten und jeder bekam eine warme Decke zum Schlafen. „Was für ein Luxus nach diesen vielen Tagen der Entbehrungen", sprachen wir uns aufmunternd zu. Die Caritas hatte Schachteln und Kartons aufgestellt und Berge von Schuhen warteten auf ihre neuen Besitzer. Wir suchten in den Kisten nach Kleidungsstücken in passenden Größen. Ich nahm mir einen rosaroten Fleecepulli und ein neues Paar Schuhe heraus. Hamude suchte nach einer warmen Jacke. Er fand eine schöne schwarze Jacke mit warmem Innenfutter.

Lorin wurde kurz in einem Rot-Kreuz-Zelt von einer Ärztin untersucht. Tagelang zuvor hatte er so viel geweint, aber die letzten zwei Tage war von ihm kaum ein Ton mehr zu hören.

Anoschka hatte uns erzählt, dass er kaum trinken würde und sie auch nur wenig Milch für ihn hätte. Sie machte sich schon große Sorgen um den Kleinen. Anoschka kam zurück, bepackt mit Babyfläschchen und einem Windelpaket. Es sei alles gut meinte sie erleichtert, der Kleine sei gesund und nur ein wenig hungrig. Sie solle ihm dazwischen immer ein warmes Fläschchen geben, dann bräuchte er sich beim Trinken nicht mehr so anzustrengen. Die nette Ärztin hätte ihr außerdem erklärt, dass sie, wenn sie wieder zu Kräften gekommen sei, ihn noch weiter stillen könne.

Für uns war jetzt der Zeitpunkt gekommen, an dem wir uns verabschieden mussten. Die weite Reise hatten wir gemeinsam gut geschafft. Anoschkas Familie wollte von Anfang an nach Deutschland und der Bus, der sie zur Grenze bringen sollte, stand schon bereit. Wir umarmten uns und ich hatte wieder mal Kullertränen in den Augen. Dann sah ich noch eine Zeitlang zu, wie der Bus langsam in der Ferne verschwand.

Abschied nehmen tut immer weh, diese Erfahrung hatte ich in meinem kurzen Leben schon so oft machen müssen. So begann auch für uns ein neuer Reiseabschnitt. Papa hatte Hamude geschrieben, dass wir, sobald wir in Österreich angekommen wären, Kontakt mit ihm aufnehmen sollten. Hier in Nickelsdorf gab es keine Telefonkarten und leider auch kein funktionierendes Internet. Hamude versuchte zuerst über einen Hotspot ins Netz zu kommen. Kurz hatte es funktioniert und wir schrieben Papa eine Nachricht.

„Wir sind in Österreich,
versuchen weiter nach Wien zu kommen,
dann mit dem Zug weiter nach Klagenfurt."

Warten in Klagenfurt

Kornelia

Unsere Romreise lag schon einige Tage zurück und wir waren wieder in unserer täglichen Arbeitsroutine.
Um zehn Uhr vormittags schickte Idris eine Nachricht auf mein Handy:

„Roze heute kommen“,

las ich auf meinem Display. Mein Herz klopfte aufgeregt. Bernhard und ich ließen die Arbeit spontan liegen und fuhren in die Pension zu Idris.
Ja, Idris war die letzten Tage schon sehr nervös, weil er nicht wusste, wie es seiner Familie ginge und jetzt war gar nichts mehr mit ihm anzufangen. Sein Wortschatz geriet heute einige Male durcheinander und die Kommunikation mit ihm war besonders mühevoll. Es galt noch einiges zu organisieren. Idris hatte für Roze eine kleine Überraschung geplant. Im Transitquartier warteten Säckchen mit Popcorn und Limonade auf ihr Eintreffen. Hundert Luftballons sollten aufgeblasen werden, auch ein kleines Willkommens-Transparent wurde aufgehängt. Für Roze lag ein T-Shirt bereit, auf dem ihr Name aufgedruckt war. Um alles gut organisieren zu können, teilten wir die Aufgaben auf.

Bernhard und unser Sohn Christoph fuhren ins Camp, um dort alles vorzubereiten. Ich suchte alle möglichen Züge heraus, die am selben Tag, von Wien abgehend, in Klagenfurt ankommen sollten. Es kamen gleich drei Ankunftszeiten in Frage. Da wir von Hamude keine Auskunft erhalten hatten, mit welchem Zug sie weiterfahren würden, fuhr ich mit Idris vorsichtshalber gleich zum Bahnhof. Die Spannung stieg, als der erste Zug aus Wien einfuhr. Idris lief von einer Waggontüre zur anderen und dann noch einmal die Strecke zurück. „Nichts zu sehen von Roze", sagten mir seine traurigen Augen. „Der nächste Zug kommt in zwei Stunden an", tröstete ich ihn. Um die Zeit zu überbrücken, lud ich ihn auf eine Pizza ein.

Idris hing die ganze Zeit am Telefon. Keine Ahnung, mit wem er telefonierte. Ich war auch schon ein wenig nervös und hatte Sorge, dass etwas passiert war. Bernhard kam um 14 Uhr zum Bahnhof und wartete mit uns. Als auch im nächsten Zug von Roze nichts zu sehen war, drohte Idris fast auszuflippen. Dann kam der ersehnte Anruf von Hamude. „Wir sind unterwegs", sagte er. „Ich musste erst eine Telefonwertkarte kaufen", rechtfertigte er sich.

„Wo seid ihr?", wollten wir genau wissen. Hamude musste erst einen anderen Fahrgast fragen, wo sie sich befanden. „In Linz", war seine Antwort. Erschrocken sahen Bernhard und ich uns an. „Linz" wiederholten wir. „Wohin fährt der Zug?", fragte Bernhard. Idris übersetzte und brüllte fast ins Telefon: „Wohin?" „Deutschland, der Zug fährt nach Deutschland", kam als Antwort. „Wir müssen jetzt schnell reagieren", sagte Bernhard. „Wenn der Zug über die Grenze fährt, bekommen wir Roze so schnell nicht mehr zurück. Roze aus Deutschland zurückzuholen ist garantiert ein bürokratischer Spießrutenlauf. Und Roze hat noch nicht einmal ihre Papiere, die liegen immer noch am Zoll oder in der Spedition". Auch trotz oftmaliger Korrespondenz mit den betreffenden Stellen wussten wir noch immer nicht genau, wo das Paket hängen geblieben war. „Durchschnaufen, tief Luft holen und einen kühlen Kopf bewahren", sagte Bernhard.

Er versuchte Idris klar zu machen, dass die beiden sofort an der nächsten Haltestelle den Zug verlassen müssten. "Wir holen sie ab, egal wo sie sind", erklärte Bernhard.

Auf nach Salzburg

Kornelia

Keine zehn Minuten später, es war zwischenzeitlich 15 Uhr, saßen wir im Auto und waren schon auf der Autobahn. Für die Fahrt nach Linz gab es zwei Möglichkeiten, entweder über die A9 Phyrn-Autobahn oder über die A10 Tauernautobahn. Obwohl es über die A10 etwas weiter war, hatten wir uns für diesen Weg entschieden.
Idris saß bei Bernhard vorne im Wagen, der uns zügig Richtung Norden brachte. Ich hatte es mir auf der Rückbank gemütlich gemacht. Ich betete, damit alles gut ging und wollte keinen Gedanken daran verschwenden, was alles passieren könnte. Es war uns schon bewusst, dass wir Roze nicht so einfach irgendwo abholen und irgendwo hinbringen durften. Dann wären wir ja auch Schlepper, aber das hier war eine Ausnahmesituation, mit der wir nur versuchen wollten, weiteres Leid und mögliche Komplikationen zu verhindern. Es war uns klar, dass wir Roze zuerst ins Transitquartier nach Klagenfurt bringen mussten, weil sie keine Papiere hatte, mit welchen nachgewiesen werden konnte, dass sie die Tochter von Idris war. Ohne diesen Nachweis wäre sie, wie so viele andere Kinder, die auf der Flucht in Österreich angekommen waren, eine „unbegleitete Minderjährige". Und als solche würde sie sehr wahrscheinlich nach Traiskirchen gebracht werden. Also wieder getrennt von ihrem Vater. Wir waren in einer sehr heiklen Situation. Einerseits war es uns klar, dass wir uns an die Spielregeln zu halten hatten, andererseits wollten wir Roze und Idris ein weiteres getrennt sein ersparen. Wir waren uns auch der Gefahr bewusst, dass Roze, solange sie nicht gemeldet war, keinen Versicherungsschutz hatte. Was wäre, wenn auf der Fahrt von Linz nach Klagenfurt etwas passieren würde? Dann würde möglicherweise auch unsere eigene Existenz auf dem Spiel stehen. Bernhard machte dann eine Aussage, die mich

wieder beruhigte: „Hätte sich seinerzeit Schindler an alle Gesetze gehalten, hätte er niemandem helfen dürfen." Außerdem lebten wir Gott sei Dank in einem Land, in dem Mitmenschlichkeit auch noch etwas wert sein sollte.
Nach einer Stunde Fahrzeit kam ein neuer Anruf von Hamude. „Wir sind in Salzburg", hörten wir auf der anderen Seite der Leitung Hamude sagen. Wir waren zwar etwas verwirrt, doch das passte gut, jetzt mussten sie nur mehr kurz durchhalten, bis wir kamen. „Gut, dass wir über die A10 gefahren sind", meinte Bernhard, „ansonsten wären wir jetzt in Linz und müssten dann erst wieder zurück nach Salzburg fahren".
„Eine gute Stunde noch" versicherten wir Roze und Hamude, „dann sind wir bei euch". Bernhard erinnerte sich an eine vor kurzem ausgestrahlte Fernsehreportage über das Flüchtlingsthema, bei der auch der Bahnhof Salzburg zu sehen war. Direkt vor dem Eingang befand sich ein Versorgungszelt des Roten Kreuzes. „Begebt euch genau dorthin und wartet auf uns", war unsere Anweisung. Im Zelt seien sie auch vor der Polizei sicherer, denn beide hatten keine Aufenthaltsbewilligung und die Polizei kontrollierte am Bahnhof ziemlich restriktiv, das wussten wir aus dem Fernsehbericht. Hamude könnte der Polizei gegenüber auch nicht beweisen, dass er der Cousin von Roze sei. Auch wenn der Flüchtlingsstrom in Österreich organisiert weitergeleitet wurde, durften sich Flüchtlinge ohne behördlich genehmigten Asylantrag keinesfalls frei im Land bewegen.
Die Spannung stieg von Kilometer zu Kilometer. Wir kamen gut voran, auch im Stadtgebiet war nur mäßiger Verkehr. Bald rückte der Bahnhof in Sichtweite. Wir fanden zum Glück gleich in der Nähe einen Parkplatz. Für Roze hatte ich einen kleinen, kuscheligen Teddybären von zu Hause mitgenommen. Ich wusste zwar, dass sie schon zwölf war, aber ich dachte, so ein Willkommensgruß wäre doch schön. Bernhard kaufte gleich in der Nähe in einem Shop ein kleines Armkettchen mit Herzchen.

Vater und Tochter sind wieder vereint

Kornelia

Mit großer Neugierde und etwas Bangen steuerten wir dem Bahnhofsgebäude entgegen. Dann kam der große Augenblick. Wir sahen Roze schon von weitem. Sie wartete etwas abseits des Zeltes vor einer kleinen Gartenlaube. Selbstsicher stand sie mitten in Salzburg, so als würde sie jeden Tag nach der Schule hier auf den Bus warten. Niemand konnte es ihr ansehen, dass sie solche Strapazen hinter sich und so Großartiges geleistet hatte. Nur der zögernde Blick ihrer Augen verriet eine kleine Unsicherheit. Sie war etwas größer, als ich sie mir vorgestellt hatte. Idris war mit wenigen, übergroßen Schritten bei ihr. Er nahm seine Roze, sein starkes Mädchen, in die Arme und wirbelte sie ein paar Mal im Kreis herum. Liebevoll küsste er sie auf Stirn und beide Wangen. Jetzt gab es Freudentränen auf beiden Seiten. Eine lange Trennung und ein langer Weg lagen hinter ihnen. Ihre Augen strahlten und diese berührende Szene hatte auch bei uns Tränen der Freude ausgelöst. Dies waren auch für uns Momente, die man nicht so oft erlebt. „Es sind Momente des Innehaltens, des Besinnens, der Freude und Dankbarkeit. Nach dem Geben kommt das Empfangen. Es ist nichts Materielles, aber es ist Nahrung für das Herz und die Seele", sagte Bernhard tief berührt.
Zuerst hielten Bernhard und ich uns im Hintergrund, denn es war einfach nur schön, Vater und Tochter zu beobachten. Bernhard hielt diese Momente mit seiner Handy-Kamera fest. „Später, vielleicht nach einigen Jahren, haben diese Fotos sicherlich einen ganz anderen Wert", meinte er. Roze war mir von der ersten Sekunde an ans Herz gewachsen und ich fühlte mich sogleich für sie verantwortlich. Wie viel Roze von uns wusste, war uns nicht bekannt. Jetzt wollten wir uns vorübergehend um sie kümmern, das hatten wir Idris versprochen. „Willkommen, Roze", sagte ich zu ihr und nahm sie einfach in meine Arme. „Wir freuen uns", sagte

Bernhard und drückte sie ebenfalls an sich. Roze strahlte, aber ihre Augen waren nur auf ihren Papa gerichtet, der stolz zu seiner Tochter blickte. Sie hatte es geschafft, den langen, beschwerlichen Weg zu bezwingen, unendlich viele Entbehrungen zu überwinden und Prüfungen zu bestehen. Sie war am Ziel, sie hatte ihren geliebten Papa wieder. Auch Hamude hielt sich etwas abseits und blieb vorerst in der Beobachterposition. Er hatte seine Mission erfüllt, sogar bestens erfüllt. Jetzt wollte er seinen Weg alleine weitergehen. Sein Ziel war die Schweiz. Idris bedankte sich bei ihm und sie wechselten einige Sätze, die wir nicht verstanden.

Ich betrachtete Roze unauffällig und versuchte herauszufinden, wie sie sich fühlte. Die enorme Müdigkeit sah man ihrem zarten Gesicht natürlich an, doch die Freude überwog und ließ ihr Gesicht strahlen. Viel Gepäck hatte Roze nicht mit, nur eine kleine braune Handtasche und ein blauer Rucksack hatten die Reise überstanden. Wir übergaben ihr unsere kleinen Geschenke und ich war überrascht, als mir Roze daraufhin eine schwarze Glasperlenkette in meine Hand legte. Dieses Geschenk ist etwas ganz Besonderes. Denn erst später auf den Fotos sah ich, dass Roze diese Kette bei der Überfahrt im Schlauchboot um den Hals trug. Das machte mich fast ein wenig verlegen. Der Wert der Aufmerksamkeit stieg mit jeder Erzählung, die ich Monate später noch von ihr zu hören bekommen sollte.

Salzburg - Hauptbahnhof

Kornelia

Wir erkundigten uns bei Idris, was Hamude jetzt weiter plante. „Er möchte mit dem Zug über Deutschland in die Schweiz weiterreisen“, übersetzte Idris. Nachdem Hamude nicht genau

wusste, auf welchem Weg er in die Schweiz weiterreisen sollte, begleiteten wir ihn noch zum Infoschalter. Wie heikel das Thema sowohl mit der Einreise als auch mit der Durchreise durch Deutschland war, wussten wir aus den täglichen Nachrichten. In Salzburg waren beinahe alle wichtigen Knotenpunkte Richtung Grenze gesperrt und von der Polizei bewacht. Ob das auch Hamude klar war? Die Weiterreise nach Luzern über Deutschland wäre kein guter Plan, versuchten wir ihm zu vermitteln. Bernhard kaufte daher für Hamude ein Ticket, welches ihn von Salzburg über Tirol und Vorarlberg in die Schweiz bringen sollte. Dieser Weg dürfte eher machbar sein. Aber Garantie konnten wir ihm natürlich keine geben. Die Fahrkarte war für den Nachtzug und hatte einen reservierten Sitzplatz. Damit Hamude dieses Mal auch den richtigen Zug nahm, begleiteten Bernhard und Idris ihn direkt zum Bahnsteig. Ich blieb mit Roze auf einer Bank im Bahnhofsgebäude sitzen. Am Bahnhof wimmelte es nur so von Polizisten. Ich fühlte mich etwas unbehaglich, gar nicht so wegen Roze oder wegen Hamude, sondern einfach nur, weil ich es nicht gewohnt war, so ein Polizeiaufgebot um mich zu haben. Polizei dein Freund und Helfer, das war bei mir leider noch nicht ganz so angekommen. „Polizisten machen mich einfach nervös", stellte ich fest. Warum das so ist, kann ich eigentlich gar nicht sagen. Ich dachte, Roze war sicher sehr müde und sie sollte sich hier kurz ausrasten. Ich gab ihr eine Limo und ein paar Stückchen Traubenzucker.
Bernhard ging mit den beiden Männern zum Bahnsteig und Hamude bekam eine Anweisung, wie er die Wagennummer ablesen und seinen Sitzplatz finden konnte. Noch während Bernhard ihm dieses System erklärte, kamen zwei Polizisten direkt auf sie zu. „Ausweiskontrolle!", sagten die Beamten zu Idris und Hamude. „Jetzt kann es heikel werden", dachte Bernhard und blieb dicht hinter ihnen stehen. Idris hatte seine weiße Ausweiskarte immer bei sich und zog diese aus seiner Brieftasche. Mit

der weißen Aufenthalts-Karte dürfen sich Asylwerber in ganz Österreich frei bewegen. Nur wenn sie mehrere Tage nicht in ihren Quartieren waren, mussten sie sich beim Quartiergeber abmelden. So bestand für Idris keine Gefahr. Hamude jedoch hatte keine Aufenthaltspapiere.

Der Polizist sagte zu Hamude: „Ja, dann müssen wir sie jetzt mitnehmen". Einer der Beamten bemerkte Bernhard, der dem Quartett zwei Polizisten sowie Hamude und Idris, nicht mehr von der Seite gewichen war. Der Beamte fragte ihn: „Gehören Sie hier dazu?" „Ja und nein", antwortete Bernhard. „Ich kenne den Herren zwar nicht, aber ich habe ihm gerade ein Ticket für seine Weiterfahrt in die Schweiz gekauft", antwortete er dem Polizisten. Dann erzählte Bernhard, dass er dem Flüchtling helfen wollte, als er am Ticketschalter verzweifelt versuchte, ein Ticket zu bekommen. „Und da er nicht genügend Geld dabei hatte, habe ich das für ihn übernommen", sagte mein Mann. Die zwei Polizisten sahen sich fragend an. Wahrscheinlich war so eine Großzügigkeit für sie auch nicht alltäglich. „Schauen Sie", sagte Bernhard weiter und deutete auf das Ticket, das Hamude in seiner Hand hielt. „Der Mann will nur weiter in die Schweiz. In ein paar Stunden geht sein Zug". Die Polizisten ließen sich überzeugen und befahlen Hamude, dass er den Bahnsteig nicht mehr verlassen dürfe, bis sein Zug abfahren würde. Bernhard und Idris atmeten erleichtert auf. Für die Beamten wird ihr Handeln oft auch eine schwierige Gratwanderung sein, letztlich sind sie Menschen, wie wir alle. „Herz siegt vor Hirn", dachte sich Bernhard in dem Moment. Es gab keinen großen Abschied am Bahnhof, denn das wäre jetzt zu riskant gewesen. Jeder ging seines Weges, ohne weiter zurückzuschauen. Hamude blieb alleine am Bahnsteig zurück. Einige Tage später erfuhren wir, dass er gut in der Schweiz angekommen war.

Idris trennte sich vorsichtshalber auch von Bernhard, denn die Polizisten überwachten immer noch die Situation am Bahnsteig.

Bernhard schlenderte langsam und unauffällig auf uns zu. Er streifte mich nur kurz im Vorbeigehen, drückte mir nebenbei die Autoschlüssel in die Hand und sagte leise zu mir: "Nimm Roze an der Hand und geh unauffällig aus dem Gebäude, wir treffen uns beim Auto."
Erst jetzt wurde mir so richtig bewusst, dass hier kein sicherer Platz für Roze war und sie in großer Gefahr war, als „illegale Minderjährige" aufgegriffen zu werden. Ich nahm Roze an der Hand und tat so, als wären wir sehr vertraut. Dabei setzte ich ein Lächeln auf, welches meine Unsicherheit überspielen sollte. Mit zielstrebigen Schritten verließen wir beide den Bahnhof. Sichtlich erleichtert sperrte ich wenige Minuten später das Auto auf. Kurz darauf erschien, Gott sei Dank, auch mein Mann. „Das ist jetzt gerade noch einmal gut gegangen", sagte Bernhard und erzählte mir die Geschichte, die er am Bahngleis erlebt hatte. Auch Idris tauchte wenige Minuten später am Parkplatz auf. Wir waren erleichtert.

Zu viert zurück nach Klagenfurt

Kornelia

Roze saß schüchtern neben mir auf der Rückbank und drückte ihren Teddybären an sich. Erst als Idris ihr erzählte, dass ihre Mama und ihre Geschwister die Türkei wenige Tage nach ihrer eigenen Abreise ebenfalls verlassen hatten, war Roze schlagartig wieder hellwach und aufgeregt.
Idris gab sein Handy an Roze weiter und sie versank eine Zeitlang in der Bildergalerie ihrer Familie, die Idris auf seinem Handy gespeichert hatte.
Viel sprach sie danach nicht mehr, auch zum Essen wollte Roze nichts annehmen, obwohl ich ihr viele verschiedene Speisen anbot. Bald überfiel sie der erlösende Schlaf. Auch bei Idris konnte

man sehen, wie die Anspannung von ihm abfiel. Er sank in seinen Sitz zurück und döste die restliche Fahrt vor sich hin.

Wir waren weniger entspannt, denn der hohe Adrenalinpegel hielt uns während der Heimreise wach. Wenn wir es streng und gesetzeskonform betrachteten, waren wir jetzt auch Schlepper, so wie jene, die wir selbst kürzlich noch verurteilt hatten. Doch es gab doch ein paar wesentliche Unterschiede: Wir verlangten kein Geld, wir hatten ausschließlich das Wohl unserer Flüchtlingsfamilie im Auge und wir unterstützten letztlich den Staat, indem wir alles in unserer Macht Stehende für eine geglückte Integration taten.

Bernhard fuhr sehr vorsichtig und etwas langsamer als üblich. Die Zeit verstrich im Nu, es war schon nach 18 Uhr. Idris hatte in seinem Übereifer viele seiner Freunde eingeladen, um an Rozes Willkommensfest teilzunehmen. Unsere Ankunft verzögerte sich um einige Stunden, aber Idris wollte die Feier trotzdem nicht absagen.

Welcome Roze

Kornelia

In der Dullnighalle, dem Camp in Klagenfurt, warteten schon alle gespannt auf unsere Ankunft. Roze war ein wenig verwirrt, sie wusste nicht, warum so viele fremde Menschen sie so freudig begrüßten. Es wurde gefeiert und gelacht, auch die Flüchtlingskinder, die gerade im Camp waren, freuten sich über Popcorn, Limonade und bunte Luftballons.
Nach elf Uhr konnte sich Roze kaum mehr auf ihren Beinen halten, sie schlief schon fast im Stehen ein und auch wir waren schon ziemlich müde. „Was sollten wir jetzt mit Roze tun?“,

fragten wir uns. Wir meldeten Roze im Büro der Einsatzleitung an. Danach sollten wir für sie ein Bett im Camp suchen. Würde es jemandem auffallen, ob hier in der Halle heute 800 oder 801 Personen schliefen? „Sicher nicht", dachten wir. Kurz entschlossen nahmen wir Roze wieder mit zum Auto. Idris setzten wir in der Pension am Hauptplatz ab und mit der schlafenden Roze fuhren wir gegen Mitternacht weiter zu uns nach Hause.

Ein neues Zuhause

Kornelia

Das Kinderzimmer unserer Tochter Stephanie, die schon lange Jahre in Graz wohnte, hatte ich für Roze vorbereitet. Eine Bekannte von Idris, die bei Rozes Begrüßungsfest in der Dullnighalle mit dabei war, hatte „WELCOME ROZE" auf ein Blatt Papier geschrieben und es einfoliert. Das nahmen wir mit und klebten es an die Türe von Rozes Zimmer, das nun auf unbestimmte Zeit ihr vorübergehendes neues Zuhause sein würde.

Auf dem breiten Bett lag eine bunte Kinderbettwäsche. Im Schrank stapelten sich Kleidungsstücke und einige Schulsachen. Auch im Badezimmer lagen neben einer Zahnbürste noch eine Menge anderer Dinge für sie bereit. Wir weckten Roze noch einmal und zeigten ihr ihre Schlafstelle. Ihre Müdigkeit war so groß, sie sah uns nur mit großen, fragenden Augen an. Ich war mir nicht sicher, ob sie jetzt überhaupt etwas mitbekommen hatte. Vorsichtshalber ließ ich die Türen offen und das Licht im Badezimmer an.

Roze schlief bis zum späten Nachmittag. Ich wollte sie nicht wecken, auch wenn wir eigentlich wieder in die Dullnighalle zurückfahren sollten. Gegen Abend klopfte ich dann nochmals an Rozes Tür. Verwirrt blickte sie mich an. Ich setzte mich kurz zu ihr auf die Bettkante und versuchte ihr mütterlich zu vermitteln, dass sie bei uns willkommen sei. „Mit Reden kommen wir nicht weiter“, dachte ich mir und so begann unsere neue Kommunikationssprache. Mit Mimik und Gestik musste ich mich jetzt verständlich machen. Ich zeigte Roze das Badezimmer und reichte ihr ein paar Kleidungsstücke.

Nachdem sie ein paar Happen vom verspäteten Frühstück zu sich genommen hatte, führten wir sie durch Haus und Garten und zeigten ihr alles, was sie für den Alltag in unserem Heim wissen sollte. Unsere gesellige Hauskatze Candy kam neugierig aus ihrem Versteck hervor und wollte unseren Gast begrüßen. Roze jedoch machte einen riesigen Sprung rückwärts, so als würde ein wildes Tier vor ihr stehen. Ich hatte bis jetzt keine Ahnung, dass man vor Katzen Angst oder so großen Respekt haben konnte. Für Roze begann bei uns ein neues Leben, eine neue Welt, eine neue Sprache. Alles war ihr noch fremd und unbekannt. Aber auch für Bernhard und mich hatte damit ein neuer Lebensabschnitt begonnen.

Integration - die ersten Schritte

Kornelia

Für Roze gab es viel zu entdecken in dieser für sie so fremden Umgebung. Ich nahm sie kurz mit in einen Supermarkt und zeigte ihr die Waren in den Regalen. Für mich wäre es das Einfachste gewesen, wenn sie selbst aussuchen würde, was sie gerne aß, aber sie war sichtlich überfordert von dem riesigen Angebot. Am Nachhauseweg fuhren wir zur Pension und holten Idris ab. Zum Abendessen gab es Pasta mit Tomaten und Basilikum und als Nachspeise einen Apfelstrudel. Bei der Pasta griff Roze nur zögernd zu, aber der Apfelstrudel hatte es ihr angetan.

Gut, dass Idris schon Fortschritte im Deutschkurs gemacht hatte, so konnte er wenigstens für uns und Roze die notwendigsten

Informationen übersetzen, da weder sie ein Wort Deutsch noch wir ein Wort von einer ihrer Sprachen verstehen konnten.
Idris zeigte uns beim Abendessen eine paar Bilder, die Thulin ihm gesandt hatte. „Sie sind jetzt in Kroatien und werden auch bald in Österreich ankommen“, erzählte er glücklich.

„Wir müssen uns morgen unbedingt um die Papiere kümmern“, ermahnte Bernhard. Idris informierte uns, dass ein Paket angekommen sei. Bernhard brachte Idris zur Pension, öffnete das Paket. Alles war in Ordnung. Ein Stein viel vom Herzen und so konnten wir uns beruhigt zu Bett begeben.

Von Lager zu Lager durch Kroatien

Thulin

„Es ist eine verrückte Welt, dachte ich“. Hier im Camp sah ich stapelweise Paletten mit Thunfischdosen, gespendet von Katar. Säcke voller Mehl, gespendet von den Emiraten. Auf der ganzen Strecke, von Mazedonien über Serbien bis nach Kroatien bekamen wir diesen Thunfisch. Für die Kinder aber gab es kaum passendes Essen. Pola hatte noch nie gerne Fisch gegessen und sie löffelte nur zögernd aus den Konserven. Brot wurde uns nicht immer ausgeteilt, sondern einige Male einfach über unsere Köpfe hinweg zugeworfen. Wer Glück hatte und ein Stück Brot fangen konnte, hatte wenigstens ein sauberes Essen. Vieles ist aber auf den meist verdreckten Boden gefallen und war dadurch nicht mehr genießbar oder wurde von uns unabsichtlich zertreten. Es war beschämend, unglaublich beschämend und erniedrigend.
Jan hatte zwei Tage lang überhaupt nichts mehr gegessen und kaum etwas getrunken. So als wollte er Kraft sparen, sprach er auch nicht mehr. Unsere Energie und Ausdauer waren am Ende und jeder Tag, jeder neue Streckenabschnitt war eine Tortur, der

wir kaum mehr gewachsen waren. Die Temperaturen wurden immer unerträglicher. Es war bitterkalt und unsere Wäsche war feucht und schmutzig.
Auf den matschigen Feldwegen versuchten wir uns mit Planen und Decken vor dem Regen und der Kälte zu schützen.
Von Grenze zu Grenze, von Lager zu Lager führte uns die vorgegebene Route. Es kam mir vor, als würde der Weg niemals mehr enden. An manchen Tagen wussten wir auch gar nicht mehr genau, wo wir uns befanden.
Wie viele Lager, Zelte, Fußwege, Bussitze und Absperrgitter wir auf unserem Weg hinter uns gelassen hatten, wusste ich nicht mehr. Ich wollte es auch nicht mehr wissen, ich wollte nur noch nach Hause. Aber wohin, wo war unser Zuhause? Wir wußten zwar vor wem wir flüchten mußten, wir wußten aber nicht zu wem wir flüchten konnten. All dies zermarterte permanent meinen Kopf. Nur den Kindern zuliebe hatte ich noch die Kraft aufgebracht, um weiterzugehen.
Ich konnte nicht hier bleiben, hier am Feldboden, in der Kälte. Ich musste meine Kinder in Sicherheit bringen. Das und einzig nur das trieb mich voran.
Die vielen Menschen rings um uns herum beängstigten mich ebenso. Vor Plünderern und Dieben mussten wir achtgeben. Mehrmals hatten wir gehört, dass Flüchtlinge sich untereinander Geld und Handys entwendet hatten. So etwas müsste bitter sein und die ohnehin schon beschwerliche Flucht nocheinmal gravierend erschweren. Daher hatte ich vorsichtshalber mein letztes Geld in einem Täschchen um den Hals getragen.

Abermals nahm ich meine ganze noch verbliebene Kraft zusammen und motivierte den Rest der Gruppe zum Aufstehen. Den nächsten Abschnitt von Zagreb bis zum Grenzübergang Dobova konnten wir Gott sei Dank wieder mit einem Bus zurücklegen. Während es draußen in Strömen regnete, zwängten wir uns in

den überfüllten Bus und fuhren der slowenischen Grenze entgegen. Dankbar, wenigstens im Trockenen weiterzukommen, versuchten wir uns im Bus ein wenig auszurasten.
Das Camp in Dobova überraschte uns positiv, da es sich von einer ganz anderen Seite zeigte, als die vorherigen Lagerplätze, die uns in Kroatien geboten wurden. Hier gab es Zelte und Schlafplätze, wir konnten trockene Wäsche ausfassen.
An der Essensausgabe war selbst Jan das erste Mal wieder gesprächsbereit. Er verdrehte voller Freude seine Augen und sagte: „Mama, hmmmm, Essen." Es gab Hackfleischbällchen in Tomatensoße und Brot. Aus lauter Angst, dass wir vielleicht morgen wieder nichts zu essen bekämen, aßen wir mehr als sonst.
„Idris, noch ein oder zwei Tage, bis wir uns wiedersehen. Ich sehne mich so sehr nach deinen beschützenden Armen", seufzte ich vor dem Einschlafen.

Ein neues Aufwachen

Roze

Wieder einmal wachte ich orientierungslos auf. Träumte ich oder war ich wirklich wach? Ich ließ meine Fingerspitzen über eine kuschelige Decke gleiten und genoss den zarten Duft von frisch gewaschener Wäsche. Ich lag eingehüllt in eine rosarote Bettwäsche, auf der eine Prinzessin und ein Schloss zu sehen waren. „Nein, das muss ein Traum sein", dachte ich mir. Ich wollte diesen schönen Traum noch ein bisschen genießen und schloss schnell wieder meine Augen, um ja nicht ganz aufzuwachen. Noch eine Weile döste ich vor mich hin und in meiner Erschöpfung vergaß ich noch einmal Raum und Zeit. Ein Klopfen weckte mich dann doch aus meinem Traumland und jetzt kamen auch meine Erinnerungen langsam wieder zurück. Papa war mein erster Gedanke, währenddessen aber öffnete sich die Tür und die blonde Frau kam auf mich zu. Sie setzte sich an den Rand des Bettes und gab mir einen Kuss auf die Stirn. Was sie sagte, verstand ich nicht, nur meinen Namen konnte ich aus den verschiedenen mir fremden Lauten herausfiltern.

Aber sie war freundlich und lächelte mir zu. Jetzt fiel mir schön langsam alles wieder ein: Gestern die Zugfahrt und das Wiedersehen mit Papa, die Szene am Bahnhof, als plötzlich mein Papa nicht mehr zu sehen war und Bernhard Kornelia etwas zuflüsterte, was ich natürlich nicht verstand, die große Angst, die mich überfiel, als die Frau, von der ich ja nichts wusste, meine Hand nahm und mit mir losmarschierte. Viele Gedanken gingen mir da durch den Kopf. Wo war Papa, was war mit ihm, warum kam er nicht zurück? Werden sie mich jetzt entführen? Zu viele Geschichten hatte man mir früher noch in Syrien und in der Türkei erzählt, Schauergeschichten von Mädchen, die entführt und verkauft wurden. Erzählungen von jungen Frauen und Kindern, die verschleppt und später unfreiwillig verheiratet wurden. Sollte ich mich jetzt losreißen und weglaufen oder um Hilfe rufen? Ich hatte vor den herumstehenden Polizisten jedoch genau so viel Angst wie vor dem Rest der Welt. Ich zitterte und mir wurde ein wenig schlecht bei den schlimmen Gedanken, die durch meinen Kopf jagten.

Erst als Papa zurückkam und er mir erklärte, warum er noch bei Hamude geblieben war, konnte ich wieder Vertrauen schöpfen. Ich erinnerte mich nur mehr vage an die vielen fremden Gesichter, die ich später im Camp gesehen hatte. Ich glaubte, danach fuhr ich mit der Familie in ihr Haus. Ich war zu müde, um zu registrieren, wo sie mich hinbrachten. „Wie lange ich wohl geschlafen hatte?“, fragte ich mich. Kornelia, die fremde Frau, die ich laut Papas Anweisungen seit gestern mit Tante ansprechen sollte, legte mir einige Kleidungsstücke auf das Bett. Erst jetzt, wo ich wusste, dass sie mich nicht entführen würde und dass auch Papa nicht weit weg von mir war, hatte ich keine Angst mehr.

Danach zeigte mir die Tante, wie man in der Dusche warmes und kaltes Wasser einstellt. Schüchtern verschwand ich gleich hinter dem Duschvorhang und genoss das frische Wasser. Ich hatte seit Wochen kein Badezimmer mehr gesehen und so ließ ich genussvoll das Wasser über meinen Kopf rinnen. Danach schäumte ich meine Haut und meine Haare mit duftender Seife gründlich ein. Später musste ich mich bemühen, meine Haare wieder zu entwirren. Ich hätte vielleicht doch nicht die Seife verwenden sollen, sondern das Mittel aus der anderen Plastikflasche, um meine Haare zu waschen. Mit etwas Mühe gelang es mir, dass ich schließlich mit dem Ergebnis zufrieden sein konnte.

Ich fühlte mich wie neu geboren, als ich zu meiner neuen Familie in den Wohnraum ging. Onkel Bernhard saß am Esstisch und hatte seinen Laptop aufgeschlagen, er stand auf, kam auf mich zu und stellte mir lächelnd einige Fragen. „Wenn ich nur etwas verstehen könnte", dachte ich mir.
Ich kam mir in dem großen, schönen Haus ein wenig verloren vor. Ich sagte einige Worte auf Arabisch, wusste aber, dass auch mich keiner verstehen konnte. Die Tante drückte mir ihr Telefon in die Hand und am andern Ende konnte ich Papas Stimme hören. „Papa, Papa, ich bin hier, wann kommst du?", fragte ich aufgeregt. Papa erklärte mir, dass ich bei Tante und Onkel bleiben sollte, bis wir alles mit den Papieren erledigt hätten. „Wenn Mama, Pola und Jan sowie meine Tante Mariam und Onkel Waleed auch in Österreich angekommen sind, dann bin ich glücklich", sagte ich meinem Papa.
Meine neue Tante zeigte auf den Kühlschrank und ich durfte mir aussuchen, was ich essen wollte. Ich wählte ein Stück Butterzopf und eine Tasse Kakao. Anschließend nahm sie mich mit in einen Supermarkt, dieses Mal nicht mit der weißen, großen Limousine von gestern, sondern mit einem kleinen braunen „Mokina - Auto".

Die meisten Dinge waren mir fremd, die vielen Waren, die im Markt in den Regalen standen, alles eingepackt in Plastik, Kartons oder Dosen, überforderten mich. In der Türkei und auch in Syrien kauften wir immer in den großen Markthallen ein. Da lag die Ware offen auf den Tischen und wir wussten genau, was wir einkaufen wollten. Meine Tante nahm einzelne Dinge aus dem Regal und zeigte mir mit einer Handbewegung, gut oder nicht gut. Bald hatte ich das Spiel durchschaut. Immer wenn ich gut deutete, dann legte sie das Paket in den Einkaufswagen.
Beladen mit einem Berg an Essbarem fuhren wir ins Haus zurück. „In Syrien würden wir davon einen Monat lang satt werden", dachte ich mir. Danach holten wir Papa ab. Ich war überglücklich.

Dullnighalle in Klagenfurt

Kornelia

Am nächsten Morgen drängte uns Idris. „Wir müssen ins Camp fahren". Genau wisse er zwar nicht, wann seine Familie in Österreich ankommen sollte, aber er wollte sie natürlich auf keinen Fall versäumen. Die letzte Nachricht, die er erhalten hatte, kam aus Slowenien und daher hoffte er, sie könnten mit einem der nächsten Busse im Klagenfurter Transitquartier, der Dullnighalle, ankommen. Idris zählte in seiner Erwartung bereits die Stunden bis zum Wiedersehen. Die offizielle Registrierung für Rozes Asylantrag hatten wir daher noch einmal verschoben. Idris wollte nicht allein mit Roze zur Polizei fahren und den Antrag stellen. „Können wir nicht warten, bis die Familie zusammen ist und dann zur Behörde gehen?", flehte er. „Na ja, auf ein paar Stunden auf oder ab wird es nicht mehr ankommen", meinte Bernhard. „Aber wir haben schon zu viel Zeit im wahrsten Sinne des Wortes verschlafen und die Anmeldung für Roze ist schon überfällig", mahnte er. Ja, guter Rat war teuer, aber wir beschlossen, doch noch ein paar Stunden abzuwarten und machten uns gemeinsam auf den Weg nach Klagenfurt.

In der Dullnighalle wurde Roze von Helfer zu Helfer weitergereicht. Natürlich hatte sich die Geschichte von Roze wie ein Lauffeuer im ganzen Camp verbreitet und alle begrüßten sie herzlich und freuten sich mit Idris. Das bunt gemischte Alltagsleben in einem Transitquartier konnte sie heute aus einer ganz anderen Perspektive erforschen. Sofort war Roze nicht mehr eine von vielen, die hier angekommen war, sie entpuppte sich gleich als eifrige Mit-Helferin. So wie ihr Vater packte Roze kräftig mit an und unterstützte uns am Caritas-Stand, um Seifen, Zahnpasten und andere Hygieneartikel zu portionieren und an die Flüchtlinge zu verteilen. Sie blühte von Stunde zu Stunde mehr auf und hatte überhaupt keine Scheu, die Flüchtlinge im Camp anzusprechen. Zum ersten Mal hörte ich ihr fröhliches, unbekümmertes Lachen und ich genoss ihre lustige und unkomplizierte Art, den Dingen und Menschen gegenüberzutreten. Das Camp war an diesem Morgen noch ziemlich voll belegt, doch die ersten Busse holten gegen Mittag die Hälfte der Flüchtlinge zur Weiterfahrt nach Deutschland ab. Unsere nächste Aufgabe war es daher, die frei gewordenen Schlafplätze im Camp zu säubern und für die nächsten Ankommenden bereitzustellen. Diese Arbeit war eine der härtesten für uns Flüchtlingshelfer. Das wussten wir, aber auch diese Arbeit musste getan werden. Daher stülpten wir uns die Gummihandschuhe über und versuchten, so gut es ging, die Schlafplätze wieder zu reinigen. Roze legte anschließend frische Schlafsäcke auf die Feldbetten. Sie wusste wahrscheinlich als Einzige, wie kostbar so ein wärmendes Stückchen Stoff für die Ankommenden sein würde.
„Ich möchte hier arbeiten", bettelte Roze in ihrer Begeisterung. Idris übersetzte, was Roze uns erzählen wollte. Aber auch ohne

Idris hatte ich keine großen Probleme, Roze zu verstehen, beziehungsweise zu fühlen, was sie mir sagen wollte. Roze verstand es perfekt mit Gesten und Mimik ihre Wünsche zu äußern oder auch Fragen zu stellen. Ich antwortete ebenfalls mit Händen und Füßen. Es erinnerte mich an das Spiel Activity, welches wir früher gerne mit unseren Kindern gespielt hatten. Falls mal etwas bei der Übersetzung nicht klappte, holte ich einfach mein Handy heraus und suchte im Web nach den passenden Bildern.
Unsere Spannung stieg, als am Nachmittag der erste Bus aus Slowenien kommend im Camp eintraf. Idris und Roze standen bereits am Eingangstor und fieberten den Ankommenden entgegen. Frauen, Kinder und auch einige ältere Menschen kletterten aus dem Bus. Wir beobachteten einige verletzte Menschen beim Aussteigen. Ein Mann mit nur einem Bein humpelte auf uns zu, ein anderer deutete auf einen Verband, mit dem er seine Schulter fixiert hatte. Die Rot-Kreuz-Sanitäter standen wie immer direkt in der Einfahrt und hatten gleich alle Hände voll zu tun.

Von Idris' Familie war leider nichts zu sehen, und so nahmen wir die Hoffnung auf den nächsten Bus wieder mit hinein ins Camp. Jetzt gab es viel zu tun. Den Ankommenden wurden zuerst die Schlafplätze zugeteilt, wobei den Frauen und Kindern die Plätze auf den Luftmatratzen im rückwärtigen Teil des Camps zugewiesen wurden und den allein reisenden Männern die Feldbetten in der Nähe des Eingangs.
Danach stand für die Ersten schon die Essensausgabe bereit. Fast immer gab es bei uns einen Eintopf mit Gemüse, manchmal abwechselnd mit etwas Huhn oder Reis. Gekocht und geliefert wurde das Essen vom Bundesheer. Es war einfach, aber gut und vor allem immer heiß. Wir konnten die Menschenmengen, die in den letzten Wochen und Monaten durch das Camp gezogen waren, nur mit dem Notwendigsten versorgen, alles andere wäre nicht machbar gewesen. Die Flüchtlinge waren aber größtenteils

zufrieden, zufrieden vor allem, dass sie hier sein konnten. Sie spürten, dass wir im Gegensatz zu anderen Ländern unsere humanitären Verpflichtungen sehr ernst nahmen und dass sie sich bei uns für ein paar Stunden oder Tage etwas ausrasten konnten.

Dem Roten Kreuz, dem auch die Einsatzleitung im Camp übertragen war, wurden täglich, und das bereits über Monate hinweg, überdurchschnittliche Leistungen abverlangt. Es war auch der Teamgeist zwischen den freiwilligen Helferinnen und Helfern, durch welchen diese nicht alltäglichen Herausforderungen so großartig bewältigt werden konnten.

Noch einige Chancen an diesem Tag bestanden für ein Wiedersehen mit der Familie Ibrahim, denn weitere acht Busse mit je 50 Personen waren noch angesagt. Idris war schon ganz zappelig, immer wieder stand er in der Einfahrt und beobachtete die ankommenden Menschengruppen.

Das Camp platzte an diesem Tag schon aus allen Nähten. Um die Schlafplätze aufzustocken, mussten wir noch zusätzliche Luftmatratzen aufpumpen und im rückwärtigen Teil der Lagerhalle auflegen. Bus 4, Bus 5, Bus 6 und noch immer keine Spur von Idris‘ Familie. Unsere Hoffnung sank. Zwei Busse waren noch ausständig, in denen sie hätte sein können. Es war bereits nach 20 Uhr und wir drängten Idris immer wieder, dass wir heute noch mit Roze auf die Polizeidienststelle fahren müssten. “Bitte, bitte, warten wir noch den nächsten Bus ab“, flehte uns Idris an. Er hoffte noch immer, dass seine Familie an diesem Tag ankommen würde. Und dann, nach einer weiteren halben Stunde bangen Wartens trafen beide Busse gleichzeitig ein, jedoch ohne Thulin, ohne Pola, ohne Jan und ohne seinen Schwager und seine Schwägerin.

Noch hundert Kilometer bis Österreich

Thulin

Die Hoffnung auf das Ziel half uns noch einmal all unsere Kräfte zu mobilisieren. Unsere Gruppe hatte sich im letzten Camp aufgelöst. Momentan sah ich niemanden mehr, der mir bekannt war. Fremde Gesichter wanderten neben mir und meiner Familie umher. Auch die Landschaft hatte sich verändert. Es war gebirgig geworden und noch kälter. Die Luft war rau und scharf, ein leichter Wind wehte aus dem Norden. Die Hoffnung trug uns Schritt für Schritt weiter.

Und wenn sie einmal zu versiegen drohte, dann dachte ich an einen Film, den ich in Syrien schon so oft gesehen hatte und der mich immer wieder begeistert und genährt hatte. Es war der Film über die Geschichte von Maria und Jesus. Er zeigte das Leben von Jesus, von seiner Geburt bis zu seinem Tode. Und wenn ich an Marias klare, strahlende Augen dachte, dann bekam ich neue Kraft. Kraft, die ich brauchte, um die vielen Ängste und Strapazen der vergangenen Jahre ertragen und verarbeiten zu können. Diese Kraft schenkte mir auch wieder das Vertrauen an eine bessere Zukunft. Ohne dieses Vertrauen konnte ich nicht mehr weitergehen, ich würde hier liegen bleiben, denn ich war fast am Ende.

Auf der Polizeidienststelle Klagenfurt

Kornelia

Es war schon 22 Uhr. Dennoch wagten wir es noch an der Polizeidienststelle St. Peter anzuläuten. Überrascht steckte eine Polizistin ihren Kopf hinter einer Glasscheibe hervor und fragte nach unserem Anliegen.

„Wir möchten einen Asylantrag stellen", erklärte Bernhard der Beamtin. Sie ließ sich von ihm kurz die Zusammenhänge schildern und betrachtete Rozes Papiere. „Dafür benötigen wir einen Dolmetscher", erklärte sie, „und heute erreichen wir keinen mehr." Sie gab uns für den nächsten Tag gleich um neun Uhr morgens einen Termin, zu dem wir mit Roze und ihrem Vater kommen mussten. „Gut, dass wir uns zumindestens beim Revier gemeldet hatten, aber auch gut, dass dieses Gespräch heute nicht mehr stattfinden konnte", dachte ich mir, denn die Aufregung hatte mich müde gemacht und ich sehnte mich nach meinem Bett und ein wenig Schlaf. Roze nahmen wir wieder mit zu uns nach Hause, heute sogar mit behördlicher Erlaubnis. Idris setzten wir am Rückweg wieder vor der Pension ab. „Bis morgen", winkten wir ihm aus dem Auto zu, „bis morgen 8 Uhr 30".

Nächtlicher Aufbruch nach Spielfeld

Kornelia

Es war kurz nach Mitternacht, ich zog die Bettdecke über mich und rollte mich entspannt zur Seite. Bernhard checkte noch kurz die Nachrichten auf seinem Handy, während ich schon fast in den Schlaf hinüberglitt. Pieps, machte es auf seinem Handy. Eine eingegangene Nachricht von Idris leuchtete auf.

„Thulin und Familie Grenze Spielfeld"

Einige Sekunden später läutete auch schon das Telefon. „Thulin in Osteria!", rief Idris, „sie alle in Osteria, Thulin da!", rief er aufgeregt. Idris wollte wissen, ob es von der Grenze bis Klagenfurt eine Zugverbindung gab.
Was sollten wir tun? Bernhard und ich berieten uns kurz im Bett. An Schlafen war jetzt sowieso nicht mehr zu denken, der

Adrenalinschub hatte uns aufgeputscht. „Mit den Zugfahrplänen hatten unsere syrischen Reisenden bis jetzt nicht unbedingt die besten Erfahrungen gemacht“, überlegten wir. Und wir wussten aus den letzten Medienberichten von den dramatischen Szenen, die sich an der slowenisch-österreichischen Grenze in Spielfeld abspielten. Wäre unser Haus geografisch etwas näher an dieser Grenze, wäre ich sicher schon vor ein paar Tagen mit einem großen Suppentopf und warmer Kleidung nach Spielfeld gefahren. Bei dem Gedanken an die Kinder Pola und Jan wussten wir, was zu tun war. Wir waren uns einig. Die Kinder sollten nicht noch eine Nacht auf der Straße schlafen müssen.

Auf leisen Sohlen schlich ich ins Kinderzimmer, in dem Roze sich schon schlafen gelegt hatte. Ich wollte sie unbedingt informieren und weckte sie sanft auf. Mit ein paar Handzeichen gab ich ihr zu verstehen, dass wir noch einmal mit dem Auto wegfahren mussten, um Mama, ihre Geschwister sowie Onkel und Tante zu holen und dass sie hier schlafen konnte, bis wir wieder zurückgekommen waren. So schnell konnte ich gar nicht schauen, und schon war Roze aus dem Bett und umarmte mich. „Mama, Mama!“, rief sie voller Begeisterung. Sie deutete mir, dass sie heute gebetet und versprochen hatte, keine Schokolade mehr zu essen, wenn Mama heute noch kommen sollte. „Allah, Gott hat mich erhört“, meinte sie. Flugs hatte sie auch schon ihre Jeans an und bestand darauf, mitzukommen.
Mit zwei Autos fuhren wir knapp nach Mitternacht Richtung Grenze. Idris hatte bei Bernhard im Auto Platz genommen, Roze war bei mir eingestiegen. Jetzt war ich froh, dass sie mitgekommen war, denn Roze hielt mich mit ihrem nicht aufhörenden Redeschwall wach. Sie war kaum zu bremsen und benutzte jeglichen Wortschatz, den sie in den letzten Tagen gelernt hatte. Erst nach gut einer Stunde Fahrzeit hatte sie der Schlaf wieder eingeholt.

Die Autobahn zur Grenze nach Spielfeld war gesperrt, das signalisierte uns das Navi. Vor Fußgehern auf der Autobahn warnte uns ein Straßenschild. Das letzte Stück fuhren wir daher vorsichtshalber auf der Bundesstraße, wo wir zirka zwei Kilometer vor der Grenze von Polizisten gestoppt wurden. „Die Zufahrt zum Lager ist nicht möglich", erklärten uns zwei Beamte, ein Mann und eine Frau. Bernhard erzählte von der bevorstehenden Familienzusammenführung. „Es tut uns leid", sagte der Polizist, „ins Lager dürfen keine Privatautos hinein".
Bernhard hätte Roze gerne als glaubwürdigenden Beweis für diesen uns wichtigen Schritt eingesetzt, doch das war unmöglich. Obwohl wir zuvor auf der Polizeistation waren und auch schon einen Termin für das Ansuchen eines Asylantrages bekommen hatten, war Roze noch immer nicht ordnungsgemäß gemeldet. Noch einmal versuchte es Bernhard und fragte: „Was würden Sie an unserer Stelle tun? Wie würden Sie entscheiden, wenn es Ihre Kinder wären?" Daraufhin flüsterte die Polizistin ihrem Kollegen etwas ins Ohr und danach gab sie uns grünes Licht.

GRENZÜBERGANG SPIELFELD

Kornelia

Bernhard fuhr mit Idris alleine weiter ins Lager. Ich blieb mit Roze auf einem Parkplatz zurück und wies sie an, vorsichtshalber im Auto zu bleiben. Vielleicht war es auch verrückt, dass wir das Risiko eingegangen waren und Roze hierher mitgenommen hatten. Aber sich jetzt mit solchen Gedanken zu quälen, dafür war es jetzt sowieso schon zu spät. Außerdem wird Mutterinstinkt immer Mutterinstinkt bleiben und spätestens morgen um 9 Uhr würde Roze ihren Asylantrag stellen, bis dorthin war sie eben noch undercover. Aber auch Idris durfte die Grenze nicht

überschreiten. Daher musste Bernhard sehr achtgeben, nicht aus Versehen die Grenze nach Slowenien zu passieren und somit Österreich zu verlassen. Ein paar Meter vor der Grenze standen einige Taxis und Busse. Bernhard parkte dort in der Nähe seinen Wagen und sah sich erst einmal zu Fuß um. „Die Grenzübertrittstelle und die Zelte der Flüchtlinge sind nur rund 100 Meter von hier entfernt", erklärte ihm ein Taxifahrer. Noch eine kurze Inspektionsrunde mit dem Auto, dann kam Bernhard zu uns zurück und gab uns einen Wink, ihm zu folgen. In der Zwischenzeit waren auch die Polizisten nicht mehr zu sehen und ich konnte aufatmend die Straße Richtung Grenze ansteuern. Kurz vor dem Camp standen mehrere Fahrzeuge des Bundesheeres. Der Platz vor dem Zelt und vor den Busstationen war von Soldaten gut bewacht und mit Absperrgittern umstellt.
Es war inzwischen zwei Uhr morgens. Dichter, eisiger Nebel lag in der Luft. Wir froren, weil wir in der Hektik des Aufbruchs nicht genug warme Kleidung angezogen hatten. Es war dunkel und die wenigen Lichter tauchten die Umgebung in eine gespenstische Stimmung, ein ungewöhnlicher Anblick für Österreich. Die Szene erinnerte mich mehr an einen Film als an die Wirklichkeit. Roze ließen wir für einige Minuten im Auto zurück und wir ermahnten sie auf der Rückbank unauffällig liegen zu bleiben. Wenn ich in der Nähe von Roze das Wort Polizei verwendete, dann ging sie von sich aus immer gleich auf Tauchstation. Es schien mir, dass sie anscheinend auf keine guten Erfahrungen zurückblicken konnte. Aber auch mir war etwas mulmig zumute, als wir den Zelten näher kamen. Vor uns lag ein großer Platz, auf dem mehrere Lagerfeuer brannten, vermutlich von den Flüchtlingen selbst angezündet. Wir konnten sehen, dass die frierenden Menschen vieles in die Feuerstellen geworfen hatten: Decken, Kartons, Schuhe, alte Kleidung usw. Das gab ihnen ein bisschen Wärme, aber es stank auch stark nach verbranntem Plastik und der Rauch brannte uns in den Augen.

Auf dem Platz lagen überall abgerissene Fetzen von glänzenden Wärmefolien, wie ich sie von Erste-Hilfe-Paketen der Autos kannte. In ihnen spiegelte sich das Licht des Feuers geheimnisvoll wider. In der Mischung aus Nebel und Rauchschwaden, die über den Platz zogen, konnten wir in dem schummrigen Licht nur schemenhaft kleinere Hügel erkennen. Es sah auf den ersten Blick so aus, als wären es frische Grabhügel, welche mit grauen Fetzen und Silberfolien überdeckt waren. Erst bei genauerem Hinsehen erkannten wir, dass unter den Bergen aus alten Decken und Folien Menschen zusammengekauert hockten und versuchten, so die Nacht im Freien halbwegs heil zu überstehen. Peinlich berührt konnte ich es mir doch nicht verkneifen, einige Fotos mit dem Handy zu machen, zu unwirklich war für uns dieser Anblick. Wir wussten nicht genau, wie viele Menschen hier auf dem Platz lagen und hockten. An die hundert dürften es vermutlich gewesen sein. Wie würden wir da jemals unsere Familie finden? Das war unsere berechtigte Sorge. Telefonkontakt hatten wir keinen mehr, da, wie wir später erfuhren, der Akku gerade noch gereicht hatte, um uns eine Nachricht zu schicken, dass sie in Österreich angekommen waren.
Geschockt kehrte ich zum Auto zurück, in dem Roze nun doch wieder eingeschlafen war. Bernhard und Idris machten sich gemeinsam auf die Suche, wobei sie ständig von den Militärs beobachtet wurden. Die Suche führte die beiden zuerst zu den am Boden ausharrenden Flüchtlingen und danach weiter in das große unbeheizte Zelt, in dem über 1000 Schlafstellen bereitgestellt waren. Idris rief die Namen seiner Lieben durch die Nacht. Bernhard erzählte mir später, dass er diese Suche, die doch fast eine Stunde gedauert hatte, nie mehr wird vergessen können, diese eindringlichen Schreie aus Verzweiflung und Hoffnung von Idris, der beißende Gestank des Feuers, die klirrende Kälte, der dichte Nebel, die dunklen, nach frischen Gräbern aussehenden Hügel, die Menschen, welche ihn um Hilfe anflehten und

zwischendurch immer wieder das Weinen und die Schreie von Kindern, denen der harte Boden und die klirrende Kälte massiv zusetzten.
Bernhard erzählte mir danach: „Ich dachte in dieser Situation an die mächtigen dieser Welt, die es bei nur etwas gutem Willen in der Hand hätten, viel Leid zu vermeiden und zu beenden. Ich musste aber auch an die denken, die nicht mehr wüssten, wohin sie ihre Millionen, ja ihre Milliarden parken sollten, während über 60 Millionen Menschen weltweit auf der Flucht sind und Sorge haben, ob sie den nächsten Tag überleben werden."

Nein, es ist kein Neid, das ist etwas, das Bernhard nicht kannte, aber es war das Unverständnis für das große Ungleichgewicht und die vielen Ungerechtigkeiten auf dieser Welt. Das Unverständnis, dass Billionen von Dollar weltweit in Waffen investiert werden, anstatt in eine positive Weiterentwicklung unserer Erde. Und Bernhard sagte: „Ich bin zutiefst dankbar, dass ich zu der Gruppe gehören darf, die helfen kann und nicht zu der, die Hilfe benötigt und ich bin auch froh, in diesem Moment an diesem Ort sein zu können, denn man wird mit etwas beschenkt, das man mit Geld nie kaufen könnte."

Die Schlafplätze in dem großen Massenlager waren nur durch schmale Gänge voneinander getrennt. Erschöpfte Menschen schliefen auf bloßen Holzpaletten. Männer, Frauen und Kinder lagen in großen Gruppen ganz eng nebeneinander. Dazwischen standen immer wieder einzelne große, braune Schachteln. In den Papierschachteln lagen kleine Kinder und Babys, die man so vor der frostigen Außentemperatur ein wenig schützen wollte. Einige Männer schliefen, einige wachten. So hatte wahrscheinlich jeder hier seinen Rhythmus gefunden um sich, so gut es ging, selbst zu versorgen. Bernhard und Idris durchschritten die ersten Reihen und mussten enttäuscht erkennen, dass es unmöglich war, unter den vermummten Gesichtern jemanden zu finden. Wieder rief Idris ein unheimlich lautes „Thulin“ in die Menge hinein. „Pola, Jan, Mariam, Waleed!“, rief er, ohne Rücksicht auf andere Schlafende zu nehmen. Bernhard konnte ihn nicht mehr bremsen, sein Rufen wurde immer lauter und eindringlicher. Zwei Soldaten steuerten schon zielstrebig auf Bernhard und Idris zu. Dann kam plötzlich aus einer Ecke des Zeltes die ersehnte Antwort: „Idris, hier sind wir!“ Idris drehte sich um, übersah die Soldaten, denn für ihn gab es jetzt nur noch ein Ziel. Wie bei einem Wettbewerb sprintete er Richtung Familie und sprang, einem Hürdenlauf ähnlich, über die Betten der anderen schlafenden Flüchtlinge. Selbst für die Soldaten war diese nächtliche Begrüßung vermutlich so etwas Berührendes, denn ohne eine weitere Reaktion schwenkten sie ab und steuerten dem Ausgang zu.

Idris und Thulin umarmten und küssten sich, danach setzte sich Idris zu seinen zwei Kindern, die noch verschlafen und etwas verwirrt aus den Augen blickten. Liebevoll nahm er sie in seine Arme und dankte Gott für das Wiedersehen. Es war wie eine neue Geburt für alle.

Doch für zu viel Emotionen und Erzählungen blieb keine Zeit. Schnell waren alle Habseligkeiten gepackt und die Rucksäcke auf die Schultern gehoben und ab ging es Richtung Ausgang des Zeltes. Doch dort wurde ihnen der Weg versperrt. „Was ist hier los?“, fragte ein Gefreiter Bernhard im militärischen Ton. „Ich hole eine Familie ab, die fast ein Jahr lang getrennt war“, versuchte Bernhard zu erklären. „Das hier ist der Vater der Familie, er hat schon vor vielen Monaten um Asyl angesucht.“ „Wir haben die Anweisung, hier niemanden wegzulassen. Alle Flüchtlinge werden laufend mit Bussen weitertransportiert“, entgegnete der Soldat. Es begann eine rege Diskussion zwischen dem Soldaten und Bernhard. Aus der überschäumenden Freude war ganz plötzlich wieder eine sehr heikle Situation entstanden, eine Gratwanderung, ähnlich wie schon in Salzburg. Der Beamte musste aus seiner Dienstpflicht heraus natürlich so handeln. Bernhard musste einerseits Idris besänftigen, denn jedes falsche Wort, jede falsche Gestik konnte unabsehbare Folgen haben, sowohl für Idris, seine Familie als auch für Bernhard. Er versuchte es nochmals mit dem Argument, dass wir ohnehin in wenigen Stunden einen Termin bei der Polizei in Klagenfurt hätten, um für die Familie die Asylanträge zu stellen. Schließlich sagte der Gefreite, dass er keine Möglichkeit habe, sie weiter zu lassen. Nur wenn jemand von der Polizei den Fall übernehmen würde, könne er uns gehen lassen. Er schickte Bernhard weiter zu einem, provisorisch als Kommandostelle eingerichteten Container, der einige Meter neben dem Parkplatz aufgestellt war. Drinnen wurde eifrig telefoniert und Bernhard musste fast eine halbe Stunde warten, bis ihn überhaupt jemand registrierte. Daraufhin erzählte er dem diensthabenden Beamten nochmals ausführlich die ganze Geschichte. Und wieder erhielt Bernhard die Auskunft: „Das ist nicht meine Kompetenz, aber gehen Sie hinaus auf den Platz, dort ist ein Kollege, der für den Weitertransport der Flüchtlinge verantwortlich ist. Wenn er Ihnen das o.k. gibt, dann können Sie fahren".

Auf zur nächsten Verhandlungsrunde. Bernhard hatte es in seinem Berufsleben immer mit Verhandlungen zu tun gehabt. Außerdem ist er Konfliktmanager und Mediator. Das sollte ihm jetzt zugutekommen. Es dauerte einige Zeit, bis er den erwähnten Kollegen fand.

Wieder hörte er dasselbe Argument: „Unmöglich, ohne Registrierung ist es Ihnen nicht gestattet, weiterzufahren! Laut Gesetz müssen Sie zur nächsten Polizeidienststelle fahren und dort den Asylantrag stellen. Die nächste diensthabende Stelle ist Graz. Ich kann Sie höchstens bis nach Graz fahren lassen", meinte der Beamte. Bernhard ließ nicht locker. Er fragte: „Wie würden Sie reagieren wenn es um Ihre Familie ginge?"

Plötzlich erschien eine Kollegin des Polizisten und wollte erfahren, was es für ein Problem gäbe. Es war dieselbe Polizistin, die uns zuvor schon die Zufahrt zum Lager ermöglicht hatte. Die beiden unterhielten sich, ohne dass Bernhard verstand, was sie besprachen. Dann fragte der Polizist plötzlich: „Wo haben Sie Ihr Auto geparkt?“ „Rund 150 Meter in diese Richtung“, antwortete Bernhard. „Wir gehen zum Auto“, antwortete daraufhin der Polizist.

„Was ist, wenn sie jetzt im zweiten Auto Roze entdecken?“, schoss es Bernhard durch den Kopf. Er konnte in Begleitung der Beamten ja nicht mit Kornelia telefonieren und sie warnen. Bernhard ging voraus, die Familie Ibrahim hinterher und hinter ihnen der Polizist und seine Kollegin.

Während alle auf unseren Parkplatz zusteuerten, drehte sich Bernhard nach der Hälfte der Strecke kurz um. Mit Verwunderung stellte er fest, dass ihnen die Beamten zwar kurze Zeit gefolgt, dann aber seitlich abgebogen waren. Bernhard lotste die Ibrahims, so schnell er konnte, zu unseren Autos. Eine ganz kurze Begrüßung für Roze, dafür sollte noch Zeit sein, aber dann schob er uns eiligst in den Wagen und gab mir die Anweisung unauffällig loszufahren. Etwas weiter weg, an einer Raststelle, blieben wir nochmals kurz stehen, denn die zuvor übereilte Begrüßung musste jetzt noch einmal wiederholt und ausgekostet werden. Es gab zweierlei Gründe zur großen Freude, einerseits, dass die Familie nach so vielen Monaten und nach so vielen überstandenen Gefahren und Entbehrungen jetzt wieder heil vereint war.

Diese Freude kann ich nicht in Worte fassen. Andererseits durften wir erleben, wie menschlich unsere Polizisten agierten, sowohl in Salzburg als auch jetzt hier in Spielfeld. Den Spagat zwischen Vorschrift und Pragmatismus, zwischen Hirn und Herz war ihnen in unserem Fall eindrucksvoll gelungen. Ob die betroffenen Beamten jemals diese Zeilen lesen werden, wissen wir nicht. Wir kennen auch ihre Namen nicht. Trotzdem dürfen wir ihnen an dieser Stelle im Namen der überglücklichen Familie Ibrahim und in unserem Namen für ihre Herzensentscheidung aufrichtig danken.

Ein gutes Gefühl

Kornelia

Es war inzwischen vier Uhr morgens geworden und die Dunkelheit der Nacht verhüllte unser Geheimnis. Fast niemand war auf den Straßen unterwegs, nur der Mond schenkte uns sein sanftes Licht.

Idris, Thulin, Waleed und Jan waren bei Bernhard im Auto, Roze, Pola und Mariam bei mir. Die erste halbe Stunde hörte ich nur mehr Kurdisch sprechen. Mir ging es wie Roze, als sie in Österreich ankam, ich verstand nichts, überhaupt nichts.

Die beiden Mädchen lachten und kicherten, bis ihnen die Augen zufielen. Wie viele Schutzengel uns heute wohl begleitet hatten, fragte ich mich einige Male. Ein zufriedenes Gefühl breitete sich in mir aus, es war schön, nein, es ist wunderschön, helfen zu dürfen.

Ein langer Tag

Kornelia

Kurz vor sechs Uhr morgens waren wir wieder zurück in Maria Saal. Es war nicht leicht, all diese Eindrücke, Erfahrungen, Informationen und Gefühle zu sortieren. Es blieben so viele Bilder im Kopf, so viele Gedanken und Erinnerungen. Ich war sehr froh, auch diesen Teil des Flüchtlingsdramas einmal mit meinen eigenen Augen gesehen zu haben. Die Bilder von Spielfeld so live zu erleben, war noch viel dramatischer, als ich vermutet hatte. Ich war erschöpft, wir alle waren erschöpft. Dennoch bestand ich darauf, dass sich jetzt keiner hinlegen und ausruhen durfte. Wir hatten ja den Termin mit Roze in der Polizeidienststelle und ich wusste, wenn sie sich jetzt schlafen legen würden, hätten wir wohl keine

Chance sie aufzuwecken, um pünktlich zum Aufnahmegespräch zu kommen. Diesen Termin noch einmal zu verschieben, das kam für uns aber nicht mehr in Frage. Für Bernhard und mich war es jetzt oberste Priorität alle ordnungsgemäß registrieren zu lassen. Danach erst dürften sie sich von den Strapazen ausrasten. Eine ausgiebige Dusche, eine Neueinkleidung und ein kräftigendes Frühstück konnten wir ihnen aber anbieten. Danach machten wir uns auf nach Klagenfurt. Zuerst zur Erstbefragung durch die Fremdenpolizei, danach folgte eine fünfstündige Befragung durch das Bundesamt für Fremdenwesen und Asyl. Das alles noch am selben Tag hineinzupacken, blieb unseren Asylwerbern leider nicht erspart. Am späteren Nachmittag erst konnten wir die übermüdete Familie wieder vom Amt abholen. Sie erzählten uns, dass während des Interviews ständig jemand eingeschlafen war. Auch mein Fotografenauge stellte fest, dass die Passfotos auf den Antragsformularen eher „Schlaffotos" glichen. Nach diesem wichtigen Behördenakt konnten sie sich endlich von ihren Strapazen erholen und so lange schlafen, wie sie wollten.

Gemeinsame Tage und Wochen

Kornelia

Für die nächste Zeit durfte die Familie nun bei uns im Haus wohnen, das wurde uns auch amtlich bestätigt. Üblicherweise bleiben Asylwerber für die erste Zeit in einem der Transitquartiere, zumindest solange, bis sie eine Zuteilung für ein anderes Großquartier bekamen. Erst danach wurden sie in kleinere Einheiten aufgeteilt. Das konnte sich, wie wir wussten, über Monate hinziehen. Als erste Übergangslösung richteten wir Schlafplätze für die ganze Familie ein, Stephanies Zimmer für die beiden Mädchen und für ihre Tante Mariam, Christophs Zimmer für Thulin und Jan. Aber auch Idris wollte von dem Tag an nicht mehr in der Pension schlafen und so waren alle bei uns untergebracht. Waleed bekam seinen Schlafplatz auf unserer Saunaliege. Alles war besser, als im überfüllten Camp zu liegen, das wussten sie alle nur zu gut.

Herberge

Kornelia

Die nächsten sieben Wochen waren für Bernhard und mich natürlich nicht nur ungewöhnlich und anstrengend, wir mussten unsere eigene Arbeit reduzieren, weil die doch unerwartete Vergrößerung auf einen Neun-Personenhaushalt einen großen zeitlichen und organisatorischen Aufwand erforderte. Gesundheitsuntersuchungen, Impfungen, Schulanmeldung, Kindergartenbesuch, Behördenwege, und, und, und, jeden Tag stand etwas anderes auf unserem Terminplan. Die Logistik für neun Personen täglich einzukaufen und zu kochen war eine Herausforderung, die ich nicht gewohnt war. Auch an das lebendige Miteinander am Mittagstisch, bei dem wir meist kein Wort verstanden, mussten wir uns erst gewöhnen.
Wir versuchten, über Spiele und in gemeinsamen Lernstunden zu kommunizieren und es ging von Tag zu Tag besser. Alle waren sehr bemüht, sich gegenseitig zu unterstützen und auch Rücksicht auf die Bedürfnisse der anderen zu nehmen.
Noch bevor wir wussten, dass wir für eine Zeitlang zur Großfamilie werden würden, hatten Bernhard und ich eine kurze Auszeit von zwei Tagen in einer Therme gebucht. Die Ibrahims waren noch nicht einmal zwei Tage bei uns und wir stellten uns daher die Frage: „Könnten und sollten wir sie alleine im Haus lassen?“ Wir entschieden uns ihnen zu vertrauen, ihnen eine Zeit zu schenken, in der sie alleine unter sich sein konnten. Als wir nach diesen zwei Tagen zurückkamen, waren wir sehr überrascht. Unsere Hofeinfahrt war nass, ohne dass es geregnet hatte.

Was wir dann erleben durften, rührte uns zu Tränen. Das ganze Haus, alle Fenster, der Hof und auch mein Auto waren blitzblank geputzt. In den Wochen unseres Großfamilienlebens wurde nicht nur viel gelacht, sondern es wurde auch viel gelernt. Thulin und Mariam brachten sich fleißig bei der Hausarbeit ein. Waleed und Idris halfen mit, den Garten winterfest zu machen. Für die beiden Mädchen hieß es dann auch bald täglich in die Schule zu fahren. Und für Jan begann der Kindergarten. So spielte sich in kurzer Zeit ein guter Tagesablauf ein.

Diese intensive, gemeinsame Zeit wird für alle ein unvergessliches Erlebnis bleiben.

Diese wahre Geschichte ist und bleibt eine Begegnung
zwischen Mensch und Menschen,
zwischen Land und Ländern,
zwischen Kultur und Kulturen.
Eine Begegnung zwischen Sprechen und Fühlen,
zwischen Wissen und Erahnen.
Eine Begegnung zwischen Jung und Alt,
zwischen Hoffnung und Zweifel,
zwischen Glaube und Vertrauen.
Eine Begegnung mit dem Inneren und dem Äußeren
und eine Begegnung mit dem eigenen Wesen.

Kornelia Wallner

Warum ich dieses Buch geschrieben habe

Das Buch hat sich mir aufgedrängt. Es hat sich förmlich in meinen Alltag hineingezwängt. Vielleicht musste es sich sogar aufdrängen, denn das Schreiben ist nicht gerade meine Stärke. Ich hätte es mir vorher selbst auch nie zugetraut. In unseren über dreißig Ehejahren konnte ich immer alles, was nur irgendwie mit Schreiben zu tun hatte, bequem an meinen Mann delegieren.

Daher war meine erste Idee, ein Fotobuch für die Familie Ibrahim zu erstellen, was ja meiner eigentlichen Profession als Fotografin entsprechen würde. Doch dazu hatte ich zu wenig brauchbares Bildmaterial. Als dann das Kommunizieren immer besser ging und die Geschichten von Roze und ihrer Familie immer spannender und bewegender wurden, war mir meine Botschaft klar: „Nur wenn ich die Erzählungen niederschreibe, bleiben sie lebendig."

Es sind die persönlichen Beschreibungen, die Emotionen und Ängste, aber auch die vielen berührenden Momente, welche mir die Familie Ibrahim über ihr Flucht erzählt hatte. Roze schilderte mir vom ersten Tag an so viel von der Flucht und aus ihrem Leben, sodass ich mich heute noch wundere, wie gut wir uns von Anfang an verständigen konnten. Sie und ihre Familie waren zu dem Zeitpunkt, als ich die letzten Seiten des Manuskriptes geschrieben hatte, gerade einmal sechs Monate in Österreich.

Alles was ich über sie erfahren hatte, erzählten sie mir ausschließlich auf Deutsch. Wir hatten und brauchten keine Dolmetscher und vielleicht waren gerade deshalb unsere fast täglichen Gespräche so in die Tiefe gegangen. Manchmal gab es bei unseren Gesprächen Tränen, sehr oft lachten wir auch, vor allem dann, wenn wir pantomimisch Szenen nachspielten.

Einige Informationen musste ich aus dem Internet holen. Straßen, Routen sowie Ortschaften und Städte waren ihnen oft selbst nicht nur unbekannt, sie hatten während ihrer Flucht auch kaum Zeit, um sich mit den einzelnen Orten ihres Aufenthaltes entlang der Route genauer zu beschäftigen. Ich denke auch, dass das Erzählen für jedes einzelne Familienmitglied ein wichtiger Aufarbeitungsprozess war. Ich bekam dadurch viele zusätzliche und neue Sichtweisen über Menschen auf der Flucht. Diese mit möglichst vielen Menschen zu teilen, ist mir ein ehrliches Bedürfnis, weil es ein mehrdimensionales Bild der Flüchtlingsproblematik zeigt.

Etwas, dass ich erst während des Schreibens erkannte, war die heilende und versöhnende Energie, die ich immer wieder unbewusst an den kritischen Stellen verankert hatte. Vergleichbar mit einer schützenden Hand, war ich viele Streckenabschnitte in Gedanken nochmals nachgegangen und hatte versucht, die Familie auf ihrer Reise zu begleiten und zu beschützen. Diese helfende Hand möchten wir auch noch weiter für Roze und ihre Familie sein.

Roze ein (zahnlückenloses) Lächeln schenken

Roze ist ein Mädchen, das herzhaft und ansteckend lachen kann. Wie schon aus dem Buch hervorgeht, hatte Roze bei ihrem Unfall in Syrien drei Zähne verloren. Dieser Umstand bewegte sie, den gefährlichen Fluchtweg auf sich zu nehmen.

Daher möchten wir Roze den Wunsch erfüllen, dass ihr fröhliches und strahlendes Lächeln auch wieder „zahnlückenlos“ wird. Nach einer zahnärztlichen- und kieferorthopädischen

Untersuchung wird sie einen längeren Behandluns- und Heilungsweg beschreiten müssen, denn erst nach einer Kieferregulierung kann Roze Implantate und neue Zähne bekommen. Durch den Verkauf des Buches möchten wir Roze und ihre Familie auf dem Weg in eine optimistische und friedvolle Zukunft weiterhin unterstützen.

Viele unserer sozialen Projekte laufen unter dem Titel: „Maria Saal - Mensch sein, Mensch bleiben". Für Roze und ihre Familie haben wir unter diesem Titel ein Spendenkonto eingerichtet.
Kennwort: Roze, IBAN: AT41 3940 4000 4000 3246
BIC: RZKTAT2K404

Wir freuen uns, wenn Sie dieses Projekt unterstützen. Über Mail können Sie gerne persönlich Kontakt mit uns aufnehmen:
Kornelia Wallner: foto.wallner@aon.at
Bernhard Wallner: freudeanloesungen@aon.at

Eine ungewisse Zukunft

Bis zur Fertigstellung des Buches hatte unsere syrische Familie leider noch keinen Bescheid über ihr Asyl-Verfahren erhalten. Wir würden uns über einen positiven Ausgang natürlich sehr freuen, damit die Familie Ibrahim rasch an ihrer neuen Zukunft in Österreich weiterbauen kann.

Hamude ist vom Salzburger Hauptbahnhof direkt in die Schweiz weitergefahren und ist dort gut angekommen. Wie wir erfahren konnten, ist er aber wenige Wochen später nach Deutschland weiter gereist. Zu Hamude, der in der Zwischenzeit sehr gut Deutsch gelernt hat, habe ich schriftlich Kontakt aufgenommen. Ich danke ihm für das Zurverfügungstellen seiner Fotos.

Wie es Saradaschdi und Anoschka weiter ergangen ist und wo sie jetzt sind, konnten wir leider bis heute nicht in Erfahrung bringen. Der Kontakt zu ihnen ist abgerissen. Wir hoffen, dass es uns gelingen wird, sie irgendwann wieder zu finden.

Nachwort

Wir haben es uns zur Aufgabe gemacht, Idris' Familie solange zu begleiten, bis sie ihr Leben wieder selbstständig führen kann. Die beschriebenen Handreichungen waren die ersten Schritte, die wir unter Integration verstehen, nämlich Menschen an der Hand zu nehmen, ihnen zu vertrauen, sie mit Würde zu behandeln, sie vorsichtig mit unserer Kultur vertraut zu machen, ohne dass sich beide Seite verbiegen und ihre Identität aufgeben müssen.

Wir sind uns bewusst, dass nicht alle Menschen diese Möglichkeiten und die Infrastruktur dazu haben. Wozu aber jeder Mensch beitragen kann, ist, dem anderen ohne Vorurteile zu begegnen. Zuerst einmal das Gute zu suchen, das in jedem Menschen steckt und nicht ihn gleich wegen seiner Hautfarbe, seiner Herkunft oder seiner Religion in eine Schublade zu stecken.

Was bewegt uns, diesen Weg zu gehen? Es ist ein Satz aus dem Matthäus-Evangelium, der für uns zu einem wichtigen Leitsatz in unserem Leben geworden ist:

„Was ihr für einen meiner geringsten Brüder getan habt, das habt ihr mir getan" (Mt 25,40)

Seit ich Bernhard kenne, hatte er immer wieder soziale Projekte organisiert. Ich bewundere ihn ob seines diesbezüglichen

Einfallreichtums und Organisationstalents. Für mich ist es eine Selbstverständlichkeit, ihn dabei stets mit meinen Möglichkeiten zu unterstützen.

Ein zweiter wichtiger Satz, der uns bei unseren sozialen Engagements stets hilft, stammt von Mutter Teresa:

„Würde ich die Scharen ansehen, würde ich nie beginnen".

Wir durften viel von der Welt sehen, viel Schönes, aber auch viel Not und Elend. Hätten wir unseren Blick immer nur auf die Scharen gerichtet, wären wir verzweifelt gewesen und hätten nie mit dem Helfen begonnen. Deshalb haben wir auch in diesem Fall den Weg gewählt, einer Flüchtlingsfamilie zu helfen und zwar solange, bis sie wieder selbstständig ihren Weg gehen kann.

DANKE

An dieser Stelle ist es auch angebracht, den freiwilligen Helferinnen und und Helfern zu danken, welche sich aufopfernd und berührend um die Flüchtlinge kümmern.

Wir können nicht alles aufzählen, was da im Vordergrund und im Verborgenen in vielfältigster Weise geleistet wird. Wenn wir in der Folge nun Einiges erwähnen, so sind damit auch alle im Dank mit eingeschlossen.
Die Sprache ist ein Grundelement einer gelingenden Integration. Deshalb danken wir besonders den freiwilligen LehrerInnen, die unsere Flüchtlinge selbstlos beim Erlernen unserer Sprache so großartig unterstützen. Stellvertretend für alle darf ich Richard Brachmeier und Monika Labak nennen.

Dem Direktor und den LehrerInnen der Neuen Mittelschule Klagenfurt-Annabichl, allen voran der sehr einfühlsamen Klassenlehrerin Frau Christa Gaugelhofer, möchten wir auf diesem Wege ein herzliches Danke sagen. Es hat von der ersten Minute an ein herzliches Klima und eine konstruktives Miteinander gegeben.

Dass sich für uns diese zusätzliche Tür aufgetan hat, verdanken wir der Familie Sever, die in unserer Gemeinde Maria Saal achtzehn Flüchtlingen Quartier gibt.

Auch dem Roten Kreuz, der Caritas und den anderen Organisationen mit ihren vielen haupt- und ehrenamtlichen Helferinnen und Helfern möchten wir unsere Anerkennung und unseren Dank aussprechen. In der Dullnighalle konnten wir persönlich erfahren, was hier an wertvoller Arbeit geleistet wird, auf die unser Land stolz sein kann.
Wie ich schon an anderer Stelle geschrieben habe, waren wir mit unserer Pfarre auf einer Romreise. Bei einem Bummel durch Trastevere sprach ich mit unserem Stiftspfarrer Josef Klaus Donko und bat ihn um Unterstützung bei der Wohnungssuche für unsere Familie. Nach unserer Rückkehr konnte dann in enger Kooperation mit der Pfarre Maria Saal und der Caritas sehr schnell und unkompliziert eine Wohnung gefunden werden.

Familie, Freunde und Bekannte halfen mit, die Wohnung mit allem, was so eine Großfamilie benötigt, auszustatten. Eine Küche wurde von Sabine gespendet und von Jürgen, Otto und Bettina ab- und wieder aufgebaut.

Das meiste, das für ihren Haushalt erforderlich war, wurde gespendet. Herzlichen Dank auch dafür.

Allen, die an diesem Integrations-Projekt mitgewirkt haben, allen, die uns in unserem Tun bestärkten und motivierten und diese Erfolgsgeschichte auch in Zukunft mittragen wollen, sagen wir ein aufrichtiges Danke.

Dieses Buch wäre nie erschienen, wenn ich nicht von vielen Seiten Unterstützung erhalten hätte. Das bloße Niederschreiben ihrer Erzählungen wäre zu wenig gewesen, um daraus ein lesbares Buch zu machen. Danke an alle, die mich dabei so tatkräftig und interessiert unterstützt haben.

Danke an meinen Mann Bernhard, der ja nicht nur ein wichtiger Teil dieser Geschichte ist, sondern auch mit seinen wachsamen Augen und seinem Organisationstalent dieses Buch-Projekt begleitet hat, unseren Kindern Stephanie und Christoph, die die ersten Seiten des Manuskriptes gelesen und mich ermutigt haben, weiterzuschreiben und die mir mit wertvollen Tipps zur Vermarktung und Werbung für das Buch zur Seite stehen. Dank an meine Freundin Irene, die mir geholfen hat, das Manuskript in eine gefühlvolle Sprache zu setzen.
Vielen Dank auch für die selbstlose Arbeit beim Korrekturlesen an Gertraud Brodnig, Andrea Helmel, Melitta Küttler, Richard Reicher und Heimo Schwarz.
Ein Buch muss auch gesetzt werden. Dafür gilt mein Dank Karin Mekul von der Agentur Mc Cool.
Auch beim Verlag Hermagoras und seiner Buchdruckerei bedanke ich mich für die ausgezeichnete Zusammenarbeit.

Der größte Dank gebührt jedoch all jenen, die der Familie Ibrahim das Gefühl geben, in ihrer neuen Heimat willkommen zu sein.

Liebe Roze, lieber Idris, liebe Thulin, liebe Pola, lieber Jan,
liebe Mariam und lieber Waleed:
„Es ist auch eure Lebensfreude, die mich inspiriert hat,
dieses Buch zu schreiben“.